3S技术在公路路域环境中的应用分析与评价

石 磊 徐吉存 著

中国财经出版传媒集团
中国财政经济出版社

图书在版编目（CIP）数据

3S 技术在公路路域环境中的应用分析与评价 / 石磊，徐吉存著. ——北京：中国财政经济出版社，2023.6
ISBN 978－7－5223－2240－7

Ⅰ.①3… Ⅱ.①石… ②徐… Ⅲ.①遥感技术－应用－公路景观－研究②地理信息系统－应用－公路景观－研究③全球定位系统－应用－公路景观－研究 Ⅳ.①U418.9

中国国家版本馆 CIP 数据核字（2023）第 096443 号

责任编辑：葛　新　　　　　责任校对：胡永立
封面设计：孙俪铭　　　　　责任印制：史大鹏

3S 技术在公路路域环境中的应用分析与评价
3S JISHU ZAI GONGLU LUYU HUANJING ZHONGDE YINGYONG FENXI YU PINGJIA

中国财政经济出版社 出版

URL：http：//www.cfeph.cn
E－mail：cfeph@ cfeph.cn

（版权所有　翻印必究）

社址：北京市海淀区阜成路甲 28 号　邮政编码：100142
营销中心电话：010－88191522　编辑部门电话：010－88190640
天猫网店：中国财政经济出版社旗舰店
网址：https：//zgczjjcbs.tmall.com
北京财经印刷厂印刷　各地新华书店经销
成品尺寸：170mm×240mm　16 开　6.25 印张　70 000 字
2023 年 6 月第 1 版　2023 年 6 月北京第 1 次印刷
定价：32.00 元
ISBN 978－7－5223－2240－7
（图书出现印装问题，本社负责调换，电话：010－88190548）
本社质量投诉电话：010－88190744
打击盗版举报热线：010－88191661　QQ：2242791300

前　言

近四十年来,我国经济发展实现了巨大的飞跃,经济总量居世界第二位,并且高速公路已经成为中国道路现代化发展的主要指标之一,截至2022年底,我国高速公路总里程达17.7万公里,位列世界第一。我国建立了全球最大的高速公路网,同时,我国高速公路的发展也为沿线地区的经济发展提供了新的生机和动力。高速公路是交通运输的一部分,具有辐射范围广、距离长的特点,作为人工景观对沿线生态环境产生了巨大的影响,其影响程度是否威胁高速公路两侧生态安全,有关这方面的研究还甚少。目前,大部分研究聚焦于高速公路沿线生态环境监测以及修建与运营后的生态环境质量评价等工作。因此,开展高速公路路域环境评价研究,能为我国尚未成熟的公路路域环境评价体系建设提供一定的参考。

3S技术即全球定位系统(Global Positioning System,GPS)、地理信息系统(Geographic Information System,GIS)、遥感(Remote Sensing,RS)技术的总称,即利用GIS的空间查询、分析和综合处理能力,RS的大面积获取地物信息特征的能力,GPS快速定位和获取数据准确的能力,将三者有机结合形成一个系统,实现各种技术的综合。

　　从 GIS 的需求来看，GPS 与 RS 都是有效的数据源，GPS 数据精度高、数量较少，侧重提供特征点位的几何信息，发挥定位和导航的功能，当 GPS 操作者到达实地时，还能明确地物属性；而 RS 数据量则很大，数据精度较低，侧重从宏观上反映图像信息、几何特征，把 GPS 与 RS 有机结合起来，可以实现快速、准确的地理信息调查和对地测量。因此，3S 技术的有机结合能够实现三者的在线连接和实时处理，将其系统化地应用于生态环境调查，不仅可以获得全区域、全天候、全球空间的实时、动态连续的动植物调查数据，以及土壤类型和范围内水体分布网，而且可实现对数据的快速处理和实时更新，为生态环境保护提供有力的技术支持。

　　本书以山东省某段高速公路为研究对象，对该段高速公路沿线地区的生态环境评价与监测分析进行了有益探讨。在具体的研究分析中，以山东省某段高速公路的地形图及野外实测数据为基础，结合 RS 技术、GIS 技术、GPS 技术对其生态环境的现状和变化进行了监测和评价。相信本书的研究成果能为我国公路交通网的生态环境监测和评价提供新的技术手段，促进 3S 技术在生态环境评价和监测中的应用，实现我国高速公路建设的可持续发展。

　　本书第 1 章、第 2 章和第 5 章由石磊编写，第 3 章和第 4 章由徐吉存编写。全书由石磊总纂、定稿。

　　由于作者水平有限，书中难免存在疏漏或不妥之处，敬请读者和专家予以指正。

作者

2023 年 4 月

目 录

第1章 绪 论 …………………………………………（ 1 ）
1.1 公路路域环境评价导论 ………………………（ 1 ）
1.2 3S 技术发展简史 ………………………………（ 2 ）
1.3 3S 技术在公路路域环境研究的可行性分析………（ 4 ）
1.4 公路路域环境评价研究的关键技术内容…………（ 10 ）

第2章 研究数据与数据处理分析 ……………………（ 12 ）
2.1 研究数据分析 …………………………………（ 12 ）
2.2 遥感数据处理方法 ……………………………（ 17 ）

第3章 路域环境遥感监测与评价 ……………………（ 51 ）
3.1 公路沿线 NDVI 遥感监测 ……………………（ 51 ）
3.2 公路沿线区域 LUCC 的环境变化指示分析 ………（ 58 ）
3.3 遥感技术在 LUCC 研究中的应用分析 …………（ 59 ）
3.4 生态环境现状评价 ……………………………（ 77 ）

第 4 章 公路沿线环境变化评价 ……………………（79）
  4.1 环境变化监测 ……………………………………（79）
  4.2 环境变化分析与评价 ……………………………（86）

第 5 章 总结与展望 ………………………………………（90）

参考文献 ……………………………………………………（92）

第 1 章

绪　论

1.1　公路路域环境评价导论

近年来，我国公路事业快速发展，全国公路里程数和汽车保有量持续增长，以山东省为例，山东省有密集的高速公路网，截至2022年底，通车里程已突破7800公里，早在2020年就已实现了县县通高速。然而，随着公路建设的快速发展，公路两侧生态环境问题日益突出。公路作为一种长距离、大范围的人工景观，在为人类提供交通便利的同时，也对公路沿线的生态环境产生了深远影响。高速公路显示出"速度快、效率高、时间省、效益好"等一般公路所不具备的优点，推动国民经济的飞速发展。然而，公路工程在施工和营运过程中却会以不同的形式对沿线植被、土地、自然景观、空气环境、水资源等生态环境要素产生各种破坏和污染。与普通的公路相比，其能带来更为严重的诸如水土流失、噪声、废气、尘埃、生态平衡失调等负面影响。随着"生态安全"纳入国家安全体系，以及"建设绿色、友好、可持续发展的交通"新发展理念的提出，我国公路建设慢慢开始向环保公路建设方面发展，注重生态环境与公路建设的协调与融合。所以，对高速公路沿线地区的生态环境监测与评价是一项重要工作。

1.2 3S技术发展简史

在欧美等发达国家，由于高速公路发展较早，有关公路景观环境设计与评价方面的研究始于19世纪。美国于20世纪末开始研究基于GIS技术的城市景观规划模型METLAND（the Metropolitan Landscape Planning Model），该模型在自然景观资源管理、土地利用规划、景观规划与评价、生态和公众参与等方面得到应用。英国、新西兰等国家近年来也大量采用GIS、RS、GPS等技术进行生态景观环境的规划设计和评价管理。通过案例探讨综合传统生物调查与制图技术方法，并就公路对沿线生物多样性的影响效应进行分析评价。针对公路建设中有关为大型哺乳动物修建动物通道的执行效应进行指数分析，并就此提出了相应的对策。有关学者还对公路沿线的陆生与水生生物的生态影响作用进行了相关综述与整理。

在国内，自20世纪90年代以来，随着中国公路建设进入高速发展阶段，以及在公路建设过程中不断出现的环境问题，如噪声、粉尘污染问题，水土流失问题，珍稀动植物保护问题，环境影响

第 1 章
绪　论

评价体系与方法等问题，国内学者在高速公路环境影响研究方面也有了长足的进步与发展。近些年则向更全面、更深入的方向发展，如采取定量分析的手段研究公路建设对生态环境的影响，运用景观系统分析方法探讨公路建设对区域环境的影响。郑新奇以山东省为例，进行了基于 RS 和 GIS 的区域生态环境质量综合评价研究。来永斌以中巴地球资源卫星（CBERS-1）和美国陆地卫星 TM（Landsat TM）遥感信息为数据源，采用 3S 技术对抚顺生态环境质量进行了评价，结果表明，研究区内景观空间格局是以森林为主的景观结构，生态体系功能状况较好。席科、李朋德、张香娟以陕西省生态环境质量评价为例，通过 RS、GIS 技术集成及其在环境质量评价中的应用现状，探讨两者的集成在环境监测中的应用前景及发展趋势。李修刚、王炜等提出了基于 GIS 的图形叠置法，利用 GIS 系统的叠置分析、缓冲分析等空间分析和处理属性数据的功能，综合分析道路对环境的影响程度。

中科院遥感所刘纪远等经过 3 年的工作，运用 3S 技术，以美国陆地卫星遥感影像作为数据源，完成了国家资源环境的组合分类调查，建立了"国家资源环境数据库"，完成了典型地区的资源环境动态研究，对中国资源环境的现状进行了分析，充分显示了利用 3S 技术进行国家资源环境调查和动态监测的优越性。高志强以遥感影像为数据，利用 GIS 技术建立数字环境模型，对中国各省（区、市）的土地资源进行了生态环境质量评价，并运用相关分析方法及关系曲线分析了中国土地资源生态环境质量同人口分布的关系。黄家柱等利用 3S 技术，对长江三角洲地区的土地资源和滩涂资源以及太湖水环境进行了动态监测，建成了以乡为基本统计单元的长江三角洲地区地理数据库和专题数据库，为环境监测与管理以及城镇建设规划提供了科学依据和决策咨询。

目前，对于公路生态环境评价方面的研究，大多数侧重于对高速公路环境影响评价方面。一般是从生态环境的角度出发，选取大气、生物多样性、水、噪声等几个具有代表性的评价指标，从整体上评价高速公路建设对生态环境的影响和破坏程度，并且在此基础上指导高速公路合理选线，以及制定合理的环境保护措施和防治对策，达到保护自然环境和社会环境的目的。对高速公路沿线地区环境的评价多是静态的，缺乏动态的、大范围的、长期的监测。以3S技术为代表的新的空间技术的发展，为高速公路沿线地区生态环境评价、动态监测等提供了新的技术手段。

1.3 3S技术在公路路域环境研究的可行性分析

3S技术即全球定位系统（Global Positioning System, GPS）、地理信息系统（Geographic Information System, GIS）、遥感（Remote Sensing, RS）技术的总称，这三种技术是相互独立而在应用上又密切关联的高新技术。3S技术以其海量数据、方便快捷、精确等优点，被广泛应用于资源管理、城区规划等领域。

从GIS的需求来看，GPS与RS都是有效的数据源，GPS数据精度高、数量较少，侧重提供特征点位的几何信息，发挥定位和导航的功能，当GPS操作者到达实地时，还能明确地物属性；而RS数据量则很大，数据精度较低，侧重从宏观上反映图像信息、几何特征，把GPS与RS有机结合起来，可以实现快速、准确的地理信息调查和对地测量。因此,3S技术的有机结合能够实现三者的在线连接和实时处理,将其系统化地应用于生态环境调查,不仅可以获得全区域、全天候、全球空间的实时、动态连续的动植物调查数据,以及土壤类型和范围内水体分布网,而且可实现对数据快速处理和实时更新,为生态环境保护提供有力的技术支持。

1.3.1　全球定位系统

GPS全称为全球定位系统,是一个能够在全天候和全世界范围内应用的卫星导航定位系统,GPS由三个部分组成:卫星、地面站和卫星导航仪。全球GPS导航卫星共24颗,分布在6个轨道面上,每个相邻轨道的升交点赤经相差60°,轨道倾角为55°,轨道高度约20183km,卫星每日以绕地球两周的周期运行。卫星的作用是给地面站提供一些轨道参数信息;地面站的作用是用来承载卫星,接收、处理卫星信号并为卫星反馈相关信息等;卫星导航仪是具体接收、处理和显示卫星传递信号的仪器。卫星设备均匀分布在轨道上,在全世界任何一个时刻和地点都能实现卫星观测,且能实现连续性的实时定位导航。地面控制设备则均匀分布在美国本土和三大洋的美军基地上,由监测站、主控站和注入站组成,实现对卫星系统的监测控制,并向卫星注入更新好的导航电文;用户接收设备由主机、电源和天线构成,主机核心利用了微处理和数据后处理技术等,可完成对卫星选择、数据采集和分析加工、传承和存储等功能,同时还能实现对设备系统的检查更新、报警和故障排除等,实现对整个接收系统的自动化管理。随着观测技术和处理方式的不断发展,GPS设备的体积越来越小,精确度越来越高，操作越来越简单，功能越来越强大。GPS 的主要作用是定位。2000 年美国取消了 SA 政策，加之差分技术的发展，其定位的精度已经可以达到厘米级。其技术核心就是利用人造地球卫星来探测地球上的特定地点，并获得它的详细坐标和地理信息。GPS 系统由地面监测站、卫星等设备构成，利用卫星和地面设备，可以精确地确定特定地点的位置。因为 GPS 具有定位精确性、适时性、操作简便和点间无须通视等特点，所以使用范围非常广泛。GPS 通常与遥感和地理信息系统结合应用于区域资源生态环境动态监测与分析研究中，GPS 的参与提升了空间信息的获取能力，其使空间尺度和空间异质性的动态研究的精度得到了很大提高。在高速公路及其沿线地区的环境监测研究中，GPS 主要用于公路线路轨迹测量，以及沿线地表环境野外调查定位获取。

1.3.2 地理信息系统

地理信息系统（GIS）是以地理空间数据库为基础，在计算机软硬件的支持下，对空间相关数据进行采集、管理、操作、分析、模拟和显示，并采用地理模型分析方法，适时提供多种空间和动态的地理信息，为地理决策服务而建立起来的技术系统。

其主要功能有：

（1）图形图像管理。GIS 具有通过鼠标、键盘、扫描仪、数字化仪等设备输入或由其他数据格式转换等多种方式获取地图数据的功能。

（2）属性数据库管理。属性数据库的管理功能是为属性数据的采集与编辑服务的，它是属性数据存储、分析、统计、属性制图等的核心工具，也是整个系统的重要组成部分。

（3）空间分析功能。包括逻辑分析、层间空间分析、缓冲区分析、地理模型分析等，还包括属性数据和图形检索、分类及列表，多媒体信息的索引、查询。

（4）图形输出功能。GIS具有点、线、面等不同类型图层的叠合、图例标注、比例尺标注、文字注记、注记符号的制作及其在图中的旋转、移动、缩放、变形等图幅修饰功能，打印预览（模拟输出）功能，输出操作功能等。

GIS是一种以处理海量信息、数据，并能制作出数字化地图、数字化模型的软件，可以为生态环境监测提供地图、地理信息等数据，满足生态环境监测工作的需要，并能满足其多个方面的需要。从数据的采集到数据的分析管理再到数据的展示，GIS技术越来越成熟，在环境和建筑领域发挥着越来越重要的作用。

GIS的操作对象主要是赋有地理坐标的空间数据及相关的属性数据和拓扑数据，能够方便地接受多种数据来源（包括GPS数据、摄影测量与遥感数据等），具有空间定性、定量、定位综合分析的功能，数据库的设计是其关键。GIS的优势和核心在于它的数据综合、地理模拟和空间分析能力。作为一种技术，其能辅助区域资源与生态环境变化的分析与发展趋势的预测，为决策者提供科学依据。地理信息系统在公路及其沿线环境中的应用，主要涉及GIS的多元数据管理、图像分析功能、空间邻域分析、空间叠置分析功能和空间统计分析与制图功能等的综合运用。

1.3.3 遥感技术

遥感（RS）技术也称为对地观测技术，它是在不与目标对象直接接触的情况下，通过某种平台上装载的传感器获取其特征信息，然后对所获取的信息进行提取、判定、加工处理及应用分析的综合性技术。RS技术是利用遥控传感器、遥感器检测被监测对象的电磁波短射、反射特等，并对其进行分析，获得被监测对象的基本情况，由于遥感技术具有影响小、信息量大、速度快、测量时间短等优点，可以实现生态环境远程监测、非接触式生态环境监测，解决各种复杂监测条件下的问题，从而提高生态环境监测工作质量。现在RS已能进行高分辨率、多角度、多时相的对地观测，遥感信息处理技术也同步发展，功能由静态分析发展到了动态监测，已能对生态环境信息进行定量分析，自动成图。应用RS技术，就像把野外现场搬到室内进行研究，通过RS信息的提取，结合野外调绘，获取高速公路空间布局信息，沿线地区环境的地形条件、植被覆盖状况、水土流失状况、土地利用状况等，及其时空动态变化状况，并可直接用于宏观监测与评价公路沿线环境整体效果、进行区域环境变化驱动因子分析、指导公路沿线环境保护与整合开发等。其既可以克服地面观测的局限性，减少盲目性，又可以增强外业调查的预见性，使野外调查的重点更加突出明了，大大减少了野外的工作量和费用。

1.3.4 3S技术的显著特点

3S技术是以全球定位系统、地理信息系统和遥感技术为手段，为环境保护工作提供环境空间信息支持和管理决策依据的计算机系统。在社会需求与技术发展的驱动下，3S技术正在向规范化、自动化、网络化和智能化的方向发展，从3S技术在具体应用中采用的数据、功能和使用等方面来看，其具有以下几个显著特点：

1. 多技术集成

3S 技术的功能决定了它首先以环境保护技术、地理信息系统技术和计算机技术为基础，同时，还需要测绘技术、通信网络技术、数据库技术、时空分析技术、信息传输技术、虚拟现实等现代各种技术作为支撑。GPS 技术能高度精确地获取各监测点的空间信息，为遥感影像的校正提供保证；RS 技术作为其数据更新的手段；数据库技术作为其数据管理的手段；GIS 技术作为其数据处理的手段；数学模型技术作为其数据分析的手段。

2. 动态化

动态变化能够快速反映生态环境的现状，通过对不同时期监测数据的比较能够反映研究区生态环境的变化过程，并且分析预测变化的发展趋势，为环境保护、管理提供参考。

3. 可视化

GIS 有将普通环境数据与地理空间信息关联起来的能力，能对环境数据进行地图可视化，从而使环境信息的空间分布情况一目了然，更能直观地显示环境质量、生态环境的现状及其发展变化情况。

4. 开放性

为使 3S 技术能够更好地发展，就要求其能适应计算机软件更新的速度，要具有很好的兼容性、开放性。应用的数据结构、数据编码等应符合国家有关标准与规范，同时其应能广泛支持环境分析、管理、规划、评价、预测等各方面工作。

3S 技术为区域资源与生态环境动态监测研究提供了极为有效的研究工具，已成为信息收集、储存、处理和分析所不可缺少的手段。3S 技术在很大程度上改变了区域资源与生态环境动态监测研究的方式，同时也成为生态环境动态监测的重要特征。

1.4 公路路域环境评价研究的关键技术内容

利用 RS 技术、GIS 技术、GPS 技术，结合有关地形图以及少量的野外实测数据，对不同时期的山东省高速公路沿线地区的生态环境进行研究，全面探讨其在高速公路沿线地区的生态环境评价与监测分析研究中的综合应用，为山东省高速公路沿线地区生态环境的大范围的、动态的、长期的评价与监测提供新的技术手段，促进 3S 技术在环境评价和监测中的应用，实现山东省高速公路的可持续发展。

除进行大量理论和方法研究以外，本书以山东省某段高速公路沿线地区的生态环境为例，以该段高速公路的遥感影像（Landsat TM/ETM）、地形图、GPS 野外定位的样点等为基础，通过解译得到该段高速公路沿线地区生态环境现状和环境变化信息，结合定位的样点数据，对其生态环境现状和环境变化进行了监测和评价。

公路路域环境评价研究的关键技术见图 1-1。

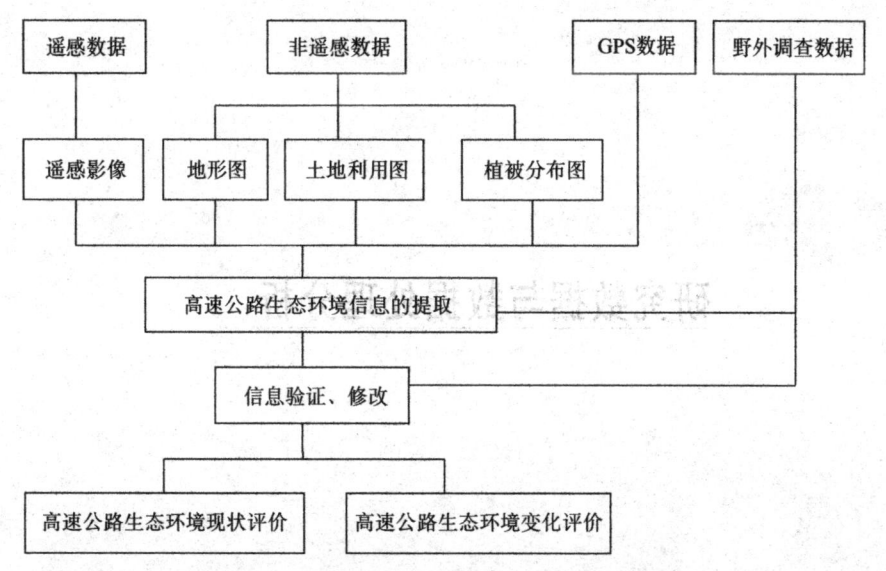

图 1-1 公路路域环境评价研究的关键技术路线图

在研究过程中，遥感（RS）技术提供了一种客观的地面调查数据，全球定位系统（GPS）将外业采集的外业数据定位到遥感影像上，而地理信息系统（GIS）作为一个分析平台连接 RS 与 GPS，是进一步模型研究的重要工具。

第 2 章

研究数据与数据处理分析

2.1 研究数据分析

2.1.1 卫星遥感影像数据

1. 卫星遥感影像数据选择

随着卫星遥感技术的不断发展，多星种（美国陆地卫星系列（Landsat）、法国的 SPOT 系列卫星、中国的资源 1 号卫星等）、多波段、高分辨率的卫星遥感数据不断出现，为遥感图像开发利用提供了丰富的遥感信息源。用于遥感影像数据获取的卫星数据源比较多，但从环境分类的研究目地和任务来看，美国的 TM 影像数据最为适合，其影像的几何分辨率达到了 30m，对于大比例尺数据

第 2 章
研究数据与数据处理分析

制作和资源数据获取，其基本可满足空间分辨率的要求。TM 影像波谱分辨率较高，除可见光以外，还有红外波段，颜色比较丰富、层次清楚，对于地物的人工解译、机器自动解译均很有利。而且，TM 影像的价格适中，卫星周期较短，便于获取所需要的影像数据。为开展有关研究，我们采用的基本数据为研究区 2016 年的 Landsat ETM +，成像时间是 2016 年 10 月 6 日，2020 年的 TM 影像数据成像时间是 2020 年 5 月 2 日。

2. TM 影像数据数据特点

美国国家航空航天局（NASA）在 1967 年制定了"地球资源技术卫星"计划，1975 年改为"陆地卫星"（Landsat）计划，共发射了 7 颗卫星，发射卫星的目的是调查地球上的资源及其分布变化情况。目前，Landsat1 ~ 4、Landsat7 已停止使用，Landsat5 仍在使用，Landsat6 于发射两天后失踪。它们都是近极地、近圆形太阳同步轨道卫星，Landsat 陆地卫星概况见表 2 - 1，Landsat 陆地卫星运行见图 2 - 1，MSS 波段范围和地面分辨率见表 2 - 2，TM 和 ETM + 波段范围和地面分辨率见表 2 - 3。

表 2 - 1　　　　　　　Landsat 陆地卫星概况

陆地卫星	发射单位	发射时间	轨道高度	传感器	重复周期
Landsat1	NASA	1972 年 7 月 23 日	915km	RBV/MSS	18 天
Landsat2	NASA	1975 年 1 月 22 日	915km	RBV/MSS	18 天
Landsat3	NASA	1978 年 3 月 5 日	915km	RBV/MSS	18 天
Landsat4	NASA	1982 年 7 月 16 日	705km	MSS/TM	16 天
Landsat5	NASA	1984 年 3 月 1 日	705km	MSS/TM	16 天
Landsat6	NASA	1993 年 10 月 5 日	705km	ETM	16 天
Landsat7	NASA	1999 年 4 月 15 日	705km	ETM +	16 天

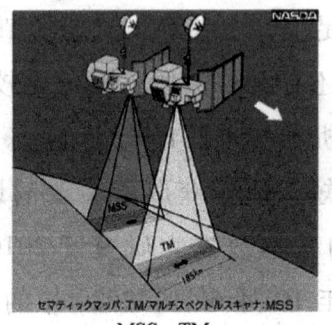 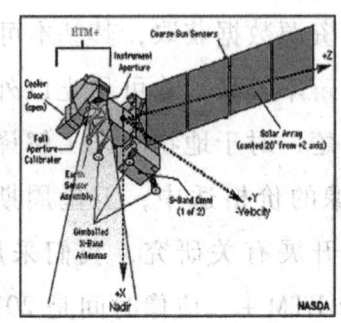

MSS, TM　　　　　　　　　　　　　　ETM+

图 2-1　Landsat 陆地卫星运行示意图

表 2-2　　　　　MSS 波段范围和地面分辨率

波段编号		波段范围（μm）	光谱段	地面分辨率（m×m）
1~3 号卫星	4~5 号卫星			
4	1	0.5~0.6	绿光波段	80×80
5	2	0.6~0.7	红光波段	80×80
6	3	0.8~1.1	近红外波段	80×80
7	4	0.7~0.8	红、近红外波段	80×80
8（3号卫星）		10.4~12.6	热红外波段（远红外）	240×240

表 2-3　　　　　TM 和 ETM+ 波段范围和地面分辨率

通道代号	光谱段	波长范围（μm）	地面分辨率（m×m）
TM1	蓝	0.45~0.52	30×30
TM2	绿	0.52~0.60	30×30
TM3	红	0.63~0.69	30×30
TM4	近红外短波	0.76~0.90	30×30
TM5	近红外中波	1.55~1.75	30×30
TM6	远红外	10.4~12.5	120×120（ETM+60×60）
TM7	近红外长波	2.08~2.35	30×30
ETM+8	全色波段	0.50~0.90	15×15（ETM+）

第 2 章
研究数据与数据处理分析

Landsat 陆地卫星上的传感器有：

反来光导管摄像机（RBV）。

RBV1：绿通道，0.475～0.575μm。（蓝、绿光波段）

RBV2：红通道，0.580～0.680μm。（黄、红光波段）

RBV3：深红—近红外通道，0.690～0.830μm。（红、近红外波段）

以上三个传感器的地面分辨率为 80m×80m，Landsat1～2 用。

RBV1～2：全色波段，0.505～0.750μm，地面分辨率为 38m×38m（40m×40m），Landsat3 用。

多光谱扫描仪（Multi Spectral Scanner，MSS）。

专题制图仪（Thematic Mapper，TM）：第二代多光谱光学—机械扫描仪，在 MSS 基础上改进和发展的。增强的专题制图仪 TM+（Enhaneed Thematic Mapper）。

陆地卫星 7 号与 4 号、5 号的区别在于：

①在多光谱波段的基础上增加了一个分辨率为 15m 的全色波段。

②热红外波段的分辨率由陆地卫星 4 号、5 号的 120m 提高到 60m。

③可以得到全世界范围内的记录数据（如以光盘获得）而不一定通过地面接收站。

④沿轨道方向与垂直方向每 40m 就有一个精确的测地坐标。

陆地卫星 7 号与 4 号、5 号的相同点：

它与陆地卫星 4 号、5 号一样，能在地面形成 185km×185km 的扫描带宽。

Landsat 陆地卫星数据是现在利用最为广泛的地球观测数据。

在近几十年里，其成功向地面输送了大量的、高质量的关于地球表面的观测数据。这些数据为人们更好地管理地球资源、监测地球的生态环境变化以及估计地球的居住承受力等方面做出了杰出贡献。Landsat 陆地卫星数据在农业、林业、土地利用、地质方面、水资源、海岸资源、环境监测等方面得到了广泛的应用。

2.1.2 外业数据与其他资料

外业调查不仅是遥感解译标志建立和遥感解译精度评价的必要手段，也是对分类精度和分类结果进行修正的重要手段。我们在地面抽样实测时采用 GPS 定位，GPS 是迄今为止人们认为最理想的空间对地、空间对空间、地对空间的定位系统。在 GIS 的支持下，经过坐标系转换可实现地面与卫星影像的相应位置很好的配准，在 GIS、DEM 的参与下解决公里交叉点以及任一点位的卫星影像灰度值的读取问题，为资源估计的自动化提供依据，为及时、快速、准确地对大范围土地资源进行整体清查，提高土地资源调查效率和调查成果的实用性提供了一个有效途径。2021 年 8 月，我们对山东省某段高速公路沿线地区的土地利用现状和生态环境进行了调查，利用 GPS 对典型类型和影像分类时不确定的区域进行定位调查，记录每个样地的 GPS 坐标、海拔高度等。为开展研究，还收集了 1:50000 地形图、DEM、行政区划图、交通道路图、水系图等其他资料。外业样点分布见图 2-2。

第 2 章
研究数据与数据处理分析

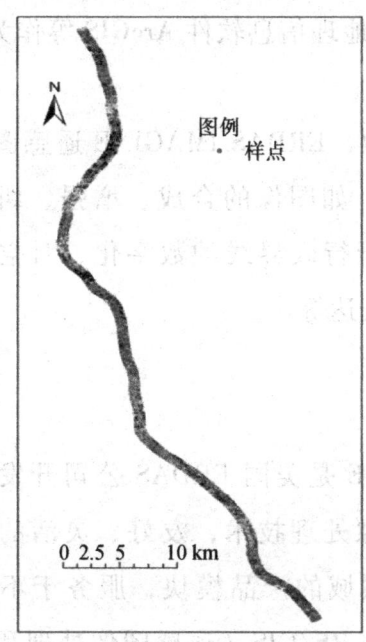

图 2-2 外业样点分布图

2.2 遥感数据处理方法

2.2.1 图像处理支持技术环境

为开展环境变化遥感监测，除要有可靠而有效的数据源支持以外，还要依赖于具有空间数据处理和管理的大型专业软件的支持。为了保证研究成果的精度和质量，主要采用国际上比较通用的专业软件。在遥感数字图像处理方面主要利用 ERDAS IMAGINE

软件，并将 ESRI 的地理信息软件 ArcGIS 等作为空间数据管理和分析的平台。

在具体的研究中，ERDAS IMAGINE 遥感图像处理平台主要用于遥感数据的处理，如图像的合成、增强、纠正、分类及分类后处理等；ArcGIS 用于行政界线的数字化、对空间地理数据的管理及空间分析、显示表达等。

1. ERDAS IMAGINE

ERDAS IMAGINE 是美国 ERDAS 公司开发的遥感图像处理系统。它以先进的图像处理技术，友好、灵活的用户界面和操作方式，面向广阔应用领域的产品模块，服务于不同层次用户的模型开发工具以及高度的 RS/GIS（遥感图像处理和地理信息系统）集成功能，是一款能为遥感及相关应用领域的用户提供内容丰富而功能强大的图像处理工具，代表了遥感图像处理系统未来的发展趋势。

ERDAS IMAGINE 是功能非常强大的遥感图像处理系统。目前，ERDAS IMAGINE 软件已经发展成为世界上占最大市场份额的专业遥感图像处理软件。ERDAS IMAGINE 是以模块化的方式提供给用户的，可使用户根据自己的应用要求、资金情况合理地选择不同功能模块及其不同组合，对系统进行剪裁，充分利用软硬件资源，并最大限度地满足用户的专业应用要求。ERDAS IMAGINE 面向不同需求的用户，对于系统的扩展功能采用开放的体系结构，以 IMAGINE Essentials、IMAGINE Advantage、IMAGINE Professional 的形式为用户提供了低、中、高三档产品架构，并有丰富的功能扩展模块供用户选择，使产品模块的组合具有极大的灵活性。

第 2 章
研究数据与数据处理分析

2. ArcGIS

ArcGIS 是美国 ESRI 公司集近 40 年 GIS 研发经验，生产的一套从低到高、可扩展的 GIS 平台。ArcGIS 产品建立在工业标准之上，功能强大，使用方便，界面友好，可以满足不同层次的需求。ArcGIS 是一个完整的地理信息平台。ArcGIS 作为一个可伸缩的平台，无论是在桌面、服务器、野外，还是通过 Web 应用，均能为用户提供 GIS 的应用功能。它包含了四个主要的部署 GIS 的框架：

（1）桌面 GIS——专业 GIS 应用的软件包，包括 ArcReader、ArcView、ArcEditor、ArcInfo 和 ArcGIS 扩展模块。

（2）服务器 GIS——ArcIMS、ArcGIS Server 和 ArcGIS Image Server。

（3）移动 GIS——ArcPad 以及 ArcGIS Mobile。

（4）开发 GIS——为开发者提供用于扩展 GIS 的桌面，定制基于桌面和基于 Web 的应用，创建移动解决方案的组件。

我们最常用的是 ArcGIS 桌面产品又称为 ArcGIS Desktop。

ArcGIS 桌面系统是为 GIS 专业人士提供信息制作和使用的工具。它提供三个独立的软件产品，每个产品提供不同层次的功能水平。

ArcReader 是一个免费的地图浏览器，除可以查看和打印用其他 ArcGIS 桌面产品生成的所有地图和数据格式以外，还具有简单的浏览和查询功能。

ArcView 提供了复杂的制图、数据使用、分析，以及简单的数据编辑和空间处理工具。

ArcEditor 除包括 ArcView 中的所有功能以外，还包括对 Shapefile 和 Geodatabase 的高级编辑功能。

　　ArcInfo 是一个全功能的旗舰式 GIS 桌面产品。它扩展了 ArcView 和 ArcEditor 的高级空间处理功能，还包括传统的 ArcInfo Workstation 应用程序（Arc、ArcPlot、ArcEdit、AML 等）。

　　ArcMap 是 ArcGIS Desktop 中一个主要的应用程序，具有基于地图的所有功能，包括制图、地图分析和编辑。ArcMap 是 ArcGIS Desktop 中一个复杂的制作地图的应用程序。

　　ArcMap 提供两种类型的地图视图：地理数据视图和地图布局视图。在地理数据视图中，使用者能对地理图层进行符号化显示、分析和编辑 GIS 数据集。内容表界面（Table of Contents）帮助使用者组织和控制数据框中 GIS 数据图层的显示属性。数据视图是任何一个数据集在选定的一个区域内的地理显示窗口。在地图布局窗口中，使用者可以处理地图的页面，包括地理数据视图和其他地图元素，如比例尺、图例、指北针和参照地图等。通常，ArcMap 可以将地图组成页面，以便打印和印刷。

　　ArcCatalog 应用模块帮助使用者组织和管理其所有的 GIS 信息，如地图、数据集、模型、元数据、服务等。它包括以下功能：

　　①浏览和查找地理信息。

　　②记录、查看和管理元数据。

　　③定义、输入和输出 Geodatabase 结构和设计。

　　④在局域网和广域网上搜索和查找 GIS 数据。

　　⑤管理 ArcGIS Server。

　　GIS 使用者使用 ArcCatalog 来组织、发现和使用 GIS 数据，同时也使用标准化的元数据来说明他们的数据。GIS 数据库的管理员使用 ArcCatalog 来定义和建立 Geodatabase。GIS 服务器管理员则使

第 2 章
研究数据与数据处理分析

用 Arccatalog 来管理 GIS 服务器框架。

ArcToolbox 具有许多复杂的空间处理功能，包括数据管理、数据转换、Coverage 的处理、矢量分析、地理编码、统计分析。

ArcToolbox 内嵌在 ArcCatalog 和 ArcMap 中，在 ArcView、ArcEditor 和 ArcInfo 中都可以使用。当然每个产品层次包含的空间处理工具是不同的。ArcView 具有核心的简单数据的加载、转换以及基础的分析工具。ArcEditor 增加了少量的 Geodatabase 创建和加载的工具。ArcInfo 提供了进行矢量分析、数据转换、数据加载和对 Coverage 的最完整的空间处理工具集合。ArcView 中的 ArcToolbox 包含的工具超过 80 种，ArcEditor 超过 90 种，ArcInfo 则提供了大约 250 种工具。

本书遥感图像分类全部采用 ERDAS 图像处理系统和 ArcGIS 地理信息系统。

2.2.2 遥感图像处理方法

遥感影像图制作需经资料数据准备、资料预处理、波段组合选择、卫星数据影像处理、图像镶嵌、图像校正、遥感影像图制作等过程。图像处理与制作流程见图 2-3，遥感数据具体的处理流程见图 2-4。

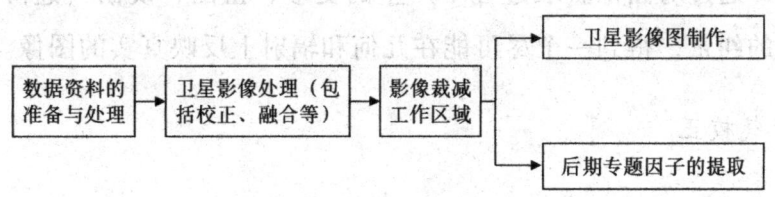

图 2-3　图像处理与制作流程

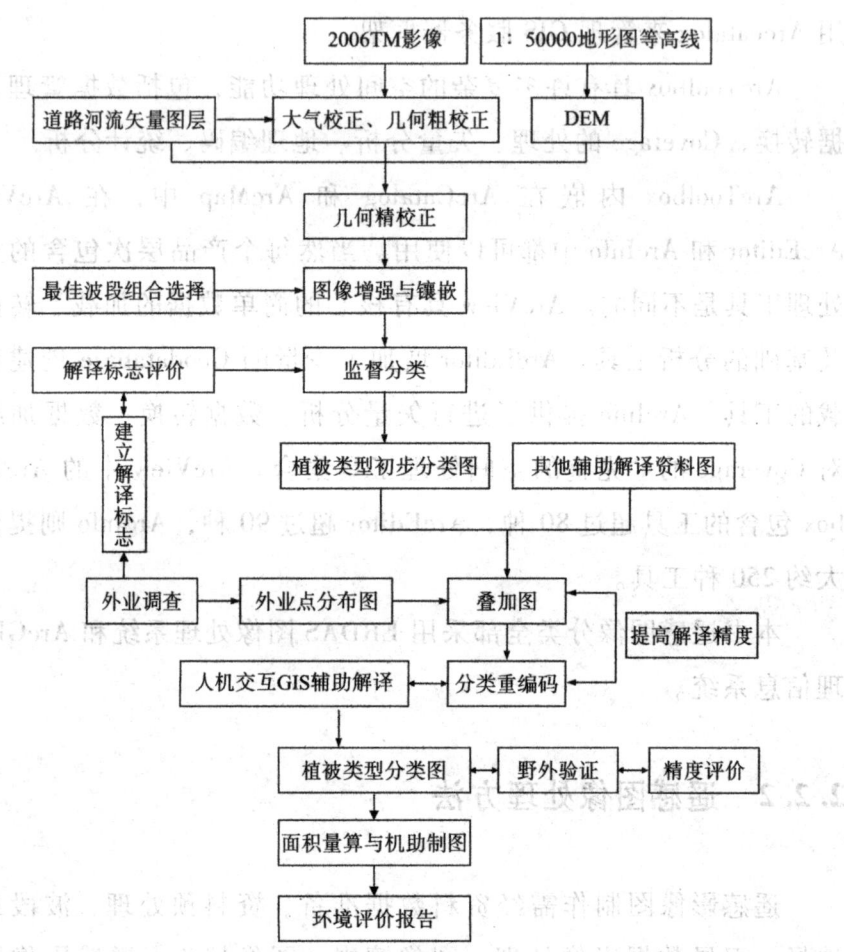

图 2-4　遥感数据具体的处理流程

　　遥感影像预处理的主要目的是纠正原始图像中的几何与辐射变形，即通过对图像获取过程中产生的变形、扭曲、模糊（递降）和噪声的纠正，得到一个尽可能在几何和辐射上反映真实的图像。

1. 大气校正

　　随着遥感应用定量化、精细化的快速发展，如何去除遥感数据的大气影响，已成为众多研究者关注的焦点。由于大气的存在，

第 2 章
研究数据与数据处理分析

太阳辐射经过气体分子的吸收和气溶胶粒子的散射得到减弱，同时部分散射信号直接或经过地物反射进入传感器，又得到增强。星载成像遥感器实际上获取的是太阳辐射通过大气层后的信息。因此，传感器获取的信息包括地物和大气信息。大气校正的目的是消除遥感数字图像由大气引起的辐射畸变，获取地物真实辐射信息是定量地表参数遥感研究的前提。反映在实际处理中，大气影响降低了图像的反差比，使图像可读性降低，增加了解译的困难。定量遥感首先要解决的核心问题是辐射定标和大气校正。TM影像只是经过了简单的辐射校正，没有经过大气校正和几何校正，大气校正和几何校正也是遥感影像解译必作的前期工作。

总体来看，大气校正有试验方法和理论（大气辐射传输模型）方法两类。试验方法概念明了、简单、易于控制，多用于一次性研究或作为其他研究的辅助工作。这种方法以地面同步测量为基础，但这种测量比较难以实现，特别是对卫星遥感平台获取的影像，现在的卫星重复周期短，覆盖面积大，要实时获取卫星过境时地面实测数据几乎是不可能的，在此不对该方法进行详细讨论。而以大气传输方程为理论基础的方法，要求估计地气系统的辐射状况及大气的各光学参数，根据处理的侧重点不同，又可以分为两种类型：一是直接基于图像本身来估计大气辐射的影响，寻找卫星测量的表观反射率和地面反射率之间的关系，经常使用的方法有直方图均衡法、黑体目标法、固定目标法、对比度减少法等。二是以大气辐射传输方程为基础，通过求解方程来确定大气对辐射的影响。根据假定条件、使用范围和应用目的等的不同，有多种大气校正模型可供选择，其中应用比较广泛的有 20 多个。

目前，大气校正的方法主要有基于辐射传输方程法和经验线性法，其中，6S 模型、Modtran 软件主要是基于辐射传输方程理论；经验线性法主要是基于野外实测地物波谱，建立经验地空回归方程完成大气校正。经验线性法相对简单，且易于实现，其不足之处在于不能获取地物真实反射率信息；而 6S 模型、Modtran 软件由于计算过程所需参数过多、计算结果信息量大以及应用困难等缺点而没有被遥感应用人员广泛使用。通常主要利用 ENVI 软件中的 FLAASH 模块完成 Hyperion 高光谱遥感数据的大气校正，同时获取 Hyperion 数据反射率数据。

本书采用的是 6S（Second Simulation of the Satellite Signal in the Solar Spectrum）模型进行大气校正。6S 模型是建立在辐射传输理论基础上的，该模型应用范围广，不受研究区特点及目标类型等的影响。6S 模型是 20 世纪 90 年代中后期法国里尔科技大学大气光学实验室 Tanre D、Deuze J、Herman M 和美国马里兰大学地理系 Vermote E 在 5S（Simulation of the Satellite Signal in the Solar Spectrum）模型的基础上发展起来的改进版本。该模型考虑了目标物的海拔高度、地表非均匀状况和气体对辐射的吸收影响，对分子和气溶胶散射作用的计算使用了状态近似（State of the Art）和逐次散射（the Successive Order of Scattering，SOS）算法。并且在传感器的光线传输路径中，对光线受大气的影响进行了不同的描述，改进了模型的参数输入，使其更接近实际，其中包括了 9 种较为成熟的描述二向反射的核驱动模型。该模型对主要大气效应，如 H_2O、O_3、O_2、CO_2、CH_4、N_2O 等气体的吸收，大气分子和气溶胶的散射都进行了考虑。它不仅可以模拟地表非均一性，还可以模拟地表双向反射特性。6S 模型能准确模拟太阳到目标物、目标物到传感器路径上的大气影响，是当前发展比较成熟的大气校正模型之一。

6S模型有"正算"和"反算"两种计算类型。给定地面反射率和大气影响参数（H_2O、O_3、O_2等气体的吸收，气体分子和气溶胶的散射值），6S模型可以计算出$0.25 \sim 4.0 \mu m$光谱在无云大气条件下卫星所接收到的信号，称为"正算"。另外，输入参数可以激活大气校正模式。在此情况下，地表被认为是朗伯面，当大气条件已知，程序将自动反演出大气校正反射率，这些反射率将产生和地气系统的表观反射率相等的反射率值。在已知传感器辐射值和大气影响的条件下，从这些大气参数中可以得到地面的真实反射率，称为"反算"。6S模型校正的一般流程见图2-5。

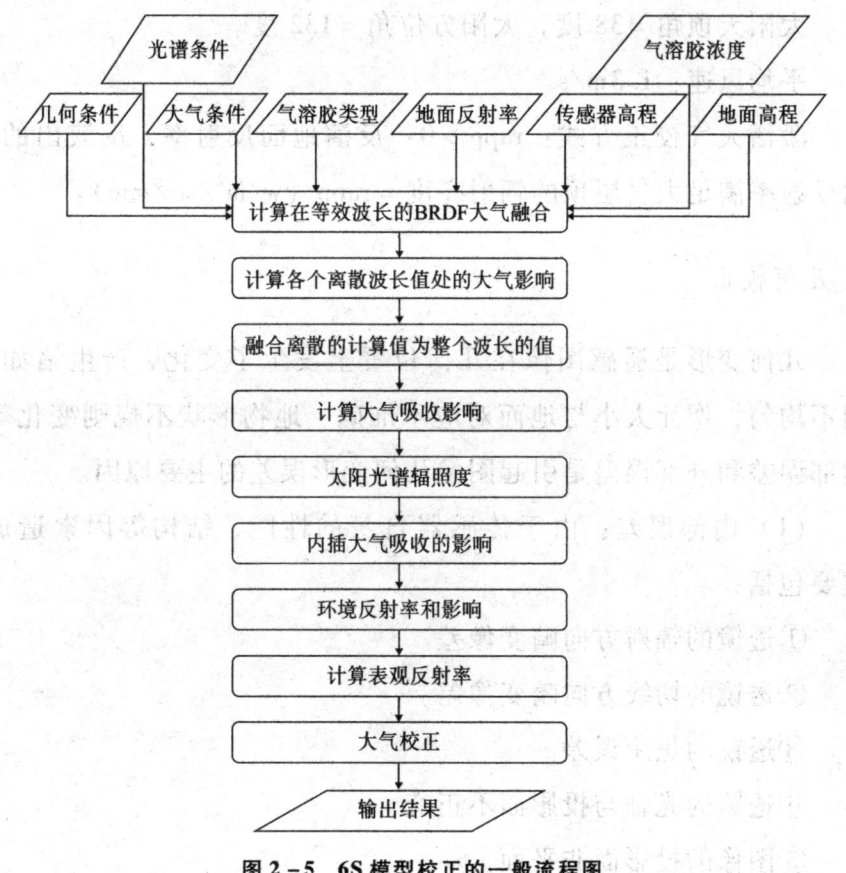

图2-5 6S模型校正的一般流程图

必须输入必要参数（Vermote EF，1997），利用 6S 模型对影像进行校正，参数如下：

几何参数：igeom = 7：TM（LANDSAT）。

大气参数：idatm = 2：中纬度夏季大气。

气溶胶类型参数：iaer = 1：大陆型气溶胶。

气溶胶含量参数：v = 25km 能见度。

参数名称：xps = 0.12km（公里）。

传感器高度参数：xpp = -750（卫星观测）。

地表反射率类型：idirec = 1：有方向效应。

太阳天顶角 = 38 度，太阳方位角 = 132 度。

平均风速：1.3m/s。

激活大气校正方式：rapp > 0：反演地面反射率，反演出的地面反射率满足大气层顶的辐射亮度 = rapp（w/m^2/str/mic）。

2. 几何校正

几何变形是遥感图像在几何位置上发生了变化，产生诸如行列不均匀，像元大小与地面对应不准确、地物形状不规则变化等。内部误差和外部误差是引起图像几何变形误差的主要原因。

（1）内部误差：由于传感器自身的性能、结构等因素造成，主要包括：

①透镜的辐射方向畸变像差。

②透镜的切线方向畸变像差。

③透镜的焦距误差。

④透镜的光轴与投影面不正交。

⑤图像的投影面非平面。

⑥探测元件排列不整齐。

⑦采样速率的变化。

⑧采样时刻的偏差。

⑨扫描镜的扫描速度变化。

（2）外部误差：传感器以外的因素造成，如地球曲率、地形起伏、地球旋转等。

①地球的曲率。

②大气密度差引起的折光。

③地形起伏。

④地球自转。

⑤遥感器轨道位置和姿态等。

遥感图像的几何纠正按照处理方式分为光学纠正和数字纠正。光学纠正主要用于早期的遥感图像的处理，现在业内对其的应用已经不多。除对框幅式的航空照片（中心投影）可以进行比较严密的纠正以外，对于大多数动态获得的遥感影像只能进行近似的纠正。数字纠正是通过计算机对图像的每个像元逐个地解析纠正处理，可以较精确地改正线性和非线性变形误差。其包括两个方面（基本环节）：

①像元坐标变换，即将图像坐标转换为地图或地面坐标。

②像元灰度值重新计算（重采样）。

而将地图坐标系统赋予图像数据的过程称为地理参考（Geo-referencing），由于所有地图投影系统都遵从一定的地图坐标系统，所以几何校正过程包含了地理参考过程。几何校正见图2-6。

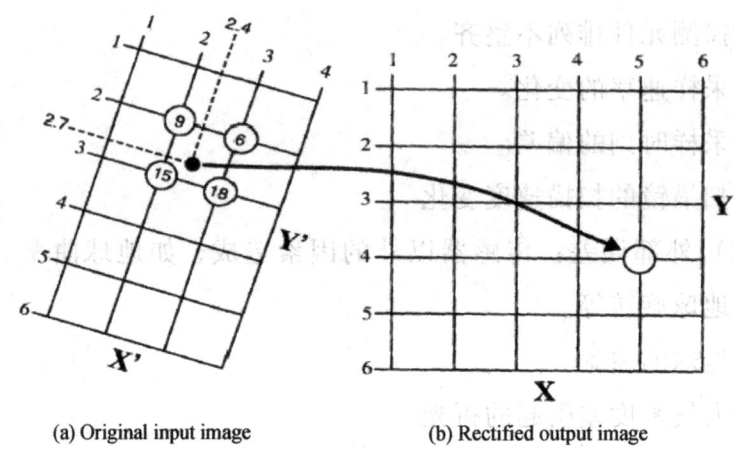

(a) Original input image   (b) Rectified output image

图 2-6 几何校正示意图

数字图像几何纠正的主要处理过程见图 2-7。

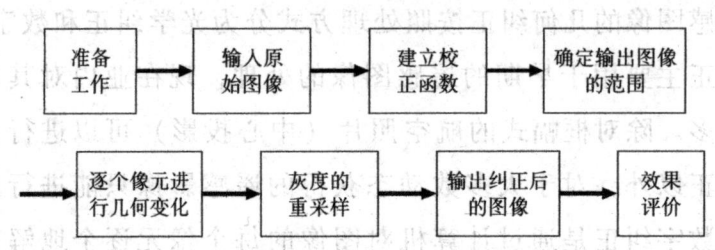

图 2-7 数字图象几何纠正的主要处理过程

准备工作：图像、地图、大地测量资料、平台轨道参数、传感器参数、控制点的选择（具体内容可选）。

纠正变换函数建立：输入和输出图像间的坐标变换关系，如多项式法、共线方程法等。

遥感数字影像几何校正的主要计算模型有影像仿射变换，多项式变换，投影变换，非线性、非均匀变换，航空影像正射校正，Landsat 卫星影像正射校正和 SPOT 卫星影像正射校正等。其中，多项式纠正法（Polynomial）是利用地面控制点来建立遥感影像与地图之间相应点的变换关系,其原理直观,计算也较简单,具有较好的纠正精度,它在卫星遥感图像校正过程中应用最广泛。

多项式纠正法的基本原理:不考虑成像的空间几何过程,而直接对图像变形的本身进行数学模拟。把遥感图像的总体变形看作是平移、缩放、旋转、仿射、偏扭、弯曲及更高次的基本变形的综合作用结果,因此,能将纠正前后图像相应点间的坐标关系用一个适当的多项式表达。

对多项式纠正法的理解,可以从地理抽象表达的角度推理,如果将原始图像变形看作是某种曲面,输出图像作为规则平面,那么从理论上讲,任何曲面都能以适当高次的多项式来拟合。即用多项式近似地描述纠正前后相应点的坐标关系,并利用控制点的图像坐标和参考坐标系中的理论坐标按最小二乘法原理求解出多项式中的系数,然后以此多项式对图像进行几何纠正。在本书中,两个时相的 TM 和 ETM+ 影像的校正、配准均采用了多项式处理中的二次多项式几何校正模型。二次多项式几何校正模型计算较为简单,且具有足够好的校正精度,不仅可用于图像对地图系统的校正,还可用于不同类型图像之间的相互几何配准,可满足计算机分类、地物变化监测等处理的需要。具体地,按照数学算法,多阶多项式可以表示为:

$$X = L_1(x,y) = \sum_{i=0}^{n}\sum_{j=0}^{n-i} a_{ij} x^i y^j$$

$$Y = L_2(x,y) = \sum_{i=0}^{n}\sum_{j=0}^{n-i} b_{ij} x^i y^j$$

式中:x、y 为像元原始坐标;X、Y 为同名像元的参考图坐标;n 为多项式的阶;a、b 为几何校正系数。

依据原始图像和地形图同名点作为控制点,应用最小二乘法求出一阶多项式为线性变换,二阶或三阶多项式为非线性变换。图像的几何畸变很难通过简单的线性关系来描述。多项式阶数越高,所作的变换越复杂,说明原始图像的扭曲程度也较大,所需选取的控制点数也越多。

当 $n=1$ 时,畸变关系为线性变换:

$$X = a_{00} + a_{10}x + a_{01}y$$
$$Y = b_{00} + b_{10}x + b_{01}y$$

上述式子中包含 a_{00}、a_{10}、a_{01}、b_{00}、b_{10}、b_{01} 6个未知数,至少需要3个已知点来建立方程式,求解未知数。

当 $n=2$ 时,畸变关系式为:

$$X = a_{00} + a_{10}x + a_{01}y + a_{20}x^2 + a_{11}xy + a_{02}y^2$$
$$Y = b_{00} + b_{10}x + b_{01}y + b_{20}x^2 + b_{11}xy + b_{02}y^2$$

上述式子中包含12个未知数,至少需要6个已知点来建立关系式,求解未知数。

控制点数目的确定:多项式阶数与所需选取的最少控制点个数的关系为:

$$GCPnums = (t+1)(t+2)/2$$

式中:t 为多项式阶数。

控制点选择的原则:选择易分辨、易定位的特征点,如道路的交叉口、水库坝址、河流弯曲点等。特征变化大的地区应多选些。尽可能满幅均匀选取。多项式次数与控制点的个数见表2-4。

表2-4　　　　多项式次数与控制点的个数

Order of Transformation	Minimum GCPs Required
1	3
2	6

续表

Order of Transformation	Minimum GCPs Required
3	10
4	15
5	21
6	28
7	36
8	45
9	55
10	66

多项式纠正法的精度与地面控制点（GCPs）的精度、分布、数量及纠正范围有关。GCPs 的位置精度越高，则几何纠正的精度越高；GCPs 的个数不少于多项式的系数个数；适当增加 GCPs 的个数，可以提高几何纠正的精度。一般 20~30 个 GCPs 可以满足需求。

纠正后图像的边界范围：指在计算机存储器中为输出影像所开出的存储空间大小，以及该空间边界范围（首行、首列、末行、末列）的地图（或地面）坐标定义值。纠正后图像和原始图像的形状、大小、方向都不一样，见图 2-8。所以在纠正过程实施之前，必须首先确定新图像的大小范围。先求出原始图像 4 个角点 (a, b, c, d) 在纠正后图像中的对应点 (a', b', c', d') 的坐标 ($X_{a'}$, $Y_{a'}$) ($X_{b'}$, $Y_{b'}$) ($X_{c'}$, $Y_{c'}$) ($X_{d'}$, $Y_{d'}$)；然后求出最大值和最小值。为了将该边界范围转换为计算机纠正后的存储数组空间，需在其中划分出网格，每个网格代表一个输出像元；需根据精度要求确定输出像元的地面尺寸；确定原始图像和纠正后图像间的坐标变换关系：

(x, y) — (u, v) (u 行数, v 列数, 均为整数)

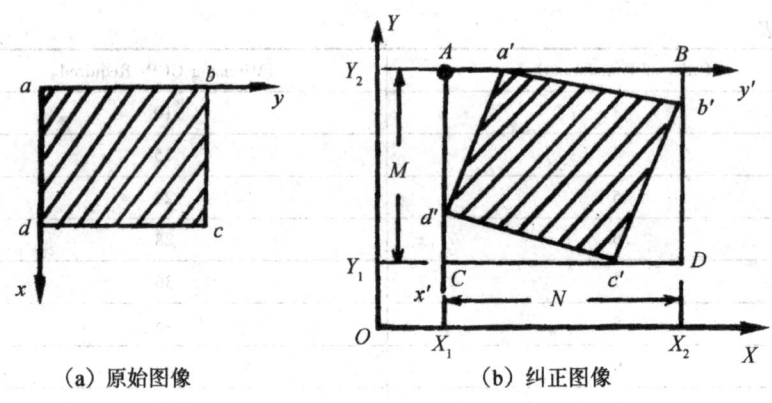

(a) 原始图像 (b) 纠正图像

图 2-8 纠正后图像的边界范围

有两种方案：直接纠正方案和间接纠正方案。

直接纠正方案：从原始图像阵列出发，依次对其中每个像元 $P(x, y)$ 分别计算其在输出（纠正后）图像的坐标 $P(X, Y)$，并计算 $P(X, Y)$ 的灰度值。

间接纠正方案：从空白图像阵列出发，依次计算每个像元 $P(X, Y)$ 在原始图像中的位置 $P(x, y)$，然后把该点的灰度值依次计算后返送给 $P(X, Y)$。纠正方案见图 2-9。

两者间并无本质差别，互为逆变换。

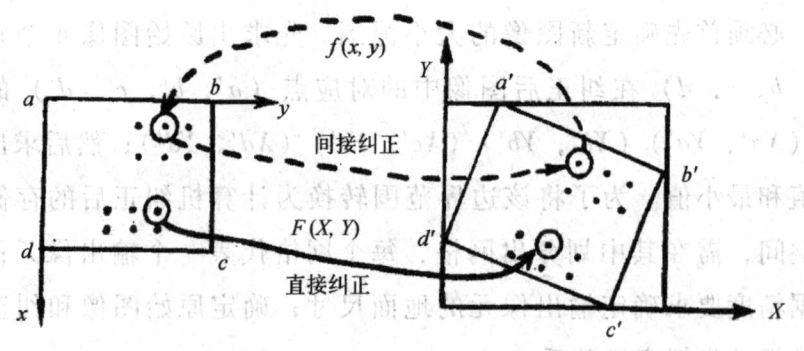

图 2-9 纠正方案

图象灰度值的重采样：几何校正过程中，由于校正前后图像的像元大小可能变化、像元点位置的相对变化等，不能简单地用原图像像元灰度值代替输出像元灰度值。"重采样"是相对于"原采样"而言的，原始图像本身就是地物对反射强度的第一次采样，称为"原采样"；而纠正后的图像，相当于在原采样的基础上再一次采样，所以称为"重采样"。重采样时，周围像元灰度值对被抽样点灰度值所作的贡献，可以用重采样函数来表达。常用的重采样算法有三种：双三次卷积法、双线性内插法和最近邻像元法。重采样会引起图像信息的变化，不同的方法各有特色，要选用合适的重采样技术。

邻近像元法：在待求点的四邻像素中，将距离这点最近的相邻像素灰度赋给该待求点。

优点：计算简单，不丢失细节。

缺点：具有明显的不连续性，特别是线状地带常出现断点或阶梯状抖动，适用于分类前的采样和定性分析。

最邻近像元法见图 2–10。

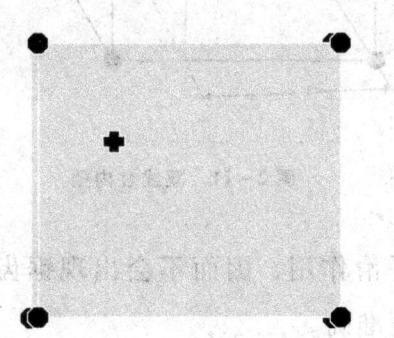

图 2–10　最邻近像元法

双线性内插法：用双线性函数在 2×2 窗口内 4 个像元的灰度值进行加权线性内插。见图 2–11。

对于 $(i, j+v)$ 有：
$$f(i, j+v) = [f(i, j+1) - f(i, j)]v + f(i, j)$$
对于 $(i+1, j+v)$ 有：
$$f(i+1, j+v) = [f(i+1, j+1) - f(i+1, j)]v + f(i+1, j)$$
对于 $(i+u, j+v)$ 有：
$$\begin{aligned}f(i+u, j+v) &= [f(i+1, j+v) - f(i, j+v)]u + f(i, j+v) \\ &= (1-u)(1-v)f(i, j) + (1-u)vf(i, j+1) + \\ &\quad u(1-v)f(i+1, j) + uvf(i+1, j+1)\end{aligned}$$

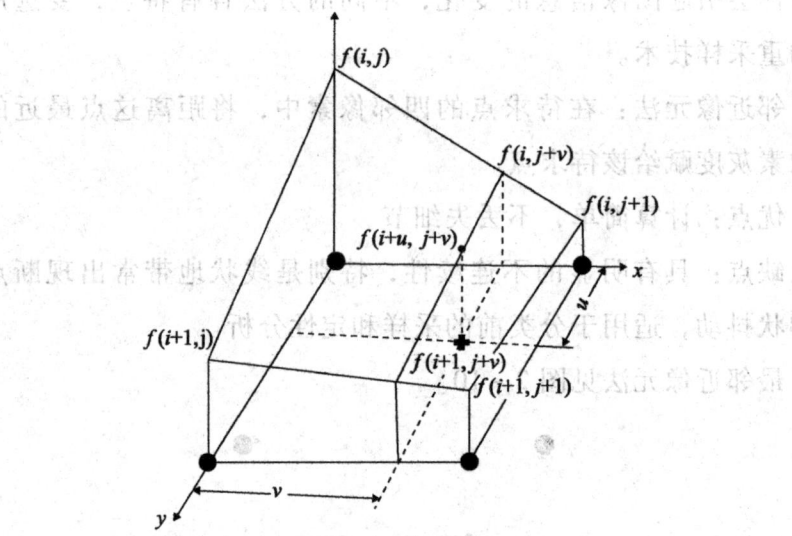

图 2-11 双线性内插

优点：具有平滑作用，因而不会出现锯齿状边缘，比最邻近像元法在空间上更准确。

缺点：较最邻近像元法计算稍复杂，由于是像元亮度值的加权平均，故有低频卷积作用，因而出现模糊现象，适用于像元大小有改变的情况。

双三次卷积法：用16个像元即4×4窗口内的像元亮度值的立方函数进行加权平均。即利用三次多项式 $S(x)$ 来逼近理论上的最佳插值函数 $sin(x)/x$，见图2-12。其数学表达式为：

$$S(x) = \begin{cases} 1 - 2|x|^2 + |x|^3 & 0 \leqslant |x| < 1 \\ 4 - 8|x| + 5|x|^2 - |x|^3 & 1 \leqslant |x| < 2 \\ 0 & |x| \geqslant 2 \end{cases}$$

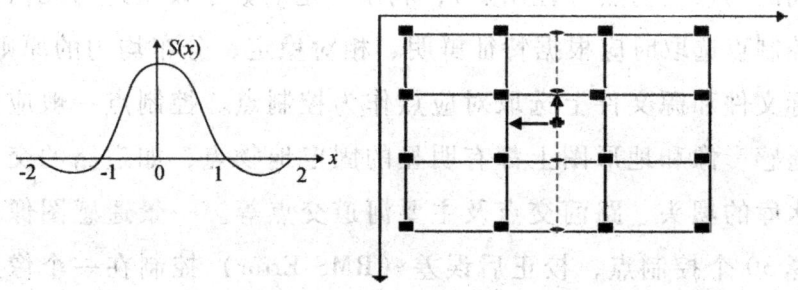

图2-12 立方卷积法

待求像素 (x, y) 的灰度值由其周围16个点的灰度值加权内插得到。可推导出待求像素的灰度计算公式如下：

$$f(x, y) = A \cdot B \cdot C$$

其中：

$$A = [s(1+v)\ s(v)\ s(1-v)\ s(2-v)]$$

$$B = \begin{bmatrix} f(i-1,j-1) & f(i-1,j) & f(i-1,j+1) & f(i-1,j+2) \\ f(i,j-1) & f(i,j) & f(i,j+1) & f(i,j+2) \\ f(i+1,j-1) & f(i+1,j) & f(i+1,j+1) & f(i+1,j+2) \\ f(i+2,j-1) & f(i+2,j) & f(i+2,j+1) & f(i+2,j+2) \end{bmatrix}$$

$$c = [s(1+u)\ s(u)\ s(1-u)\ s(2-u)]^T$$

优点：可以比较完整地复原始图像，立方曲线加权使图像锐化并将噪声平滑掉。

缺点：计算复杂，数据的值可能被改变。适用于像元大小变化较大的情况。

在具体的图像处理中，几何精校正最关键的步骤是地面控制点的选取、选择合适的校正方法、像素亮度值重采样及纠正精度检查。我们借助研究区 1∶50000 地形图，结合 GPS 采样点，采用控制点校正的方式进行几何精校正。即通过选取遥感图像与地形图之间的同名地物点（控制点），利用一定的数学模型进行几何校正。控制点选取时应根据特征鲜明、相对稳定、分布均匀的原则，在目标文件和源文件上选取对应点作为控制点。控制点一般应选择在遥感影像和地形图上都有明显的固定地物点，如道路的交叉口、水库的坝头、路河交点及主要河道交点等。一景遥感图像一般选择 30 个控制点，校正后误差（RMS Error）控制在一个像元之内。

在具体操作中，为了保证校正后影像的精度，首先在每景影像中分别选择 30 个控制点进行校正，校正后误差均小于 0.5 个像元，满足误差控制在一个像元内的要求。进行几何校正时，选择合适的投影带，根据经纬度投影。在图像处理过程中，图像灰度值的重采样技术是几何精校正的另一个重要步骤，其决定校正后图像的几何特征与精度。研究区像元灰度值的重采样采用双线性内插法完成整幅图像的几何精校正，以避免最近邻像元法亮度不连续性的缺陷和双三次卷积法处理时间过长的缺点。

本书运用 ERDAS IMAGINE 软件中的 Data Prepation（数据预处理）模块下的几何校正模块（Image Geometric Correction）完成相应的校正过程。几何校正模块见图 2 – 13。

第 2 章
研究数据与数据处理分析

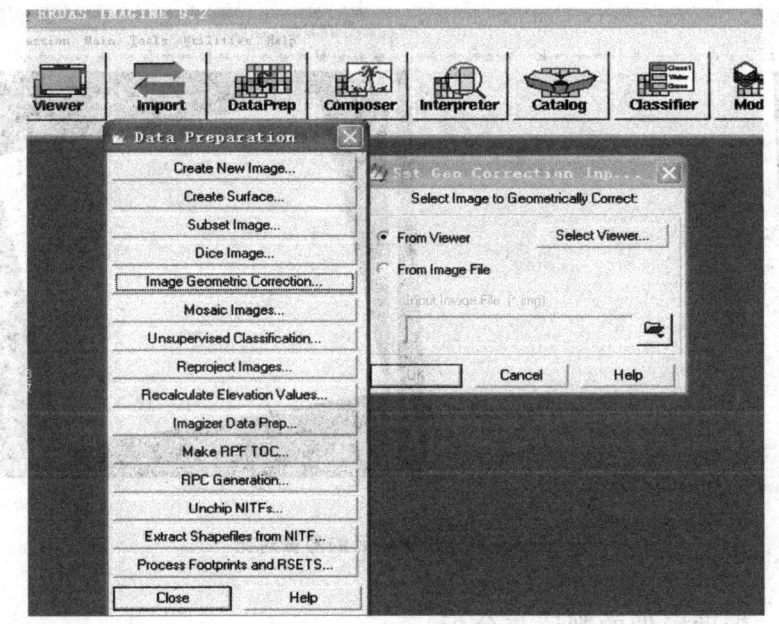

图 2-13　几何校正模块

首先，对 1:50000 的地形图以地图采点模式（Map to view）选点并获取坐标与投影信息，然后，对 TM 遥感图像进行几何校正，这样两期的影像就具有了相同的地理空间坐标。采用二次多项式几何校正模型，每幅图像选取了 30 个以上的控制点和 10 个检查点，所有图像的控制点误差均小于 0.5 个像元，采用双线性内插法重采样。图 2-14 中左图是校正之前的原始影像，右图是经大气校正和几何校正之后的影像。

3. 最佳波段组合

遥感多光谱数据具有丰富的光谱信息和多个光谱波段，不同的波段影像对不同的地物有不同的反映，因此，在影像分类前需要选择最佳波段组合和彩色合成，以最大程度地利用各波段的信

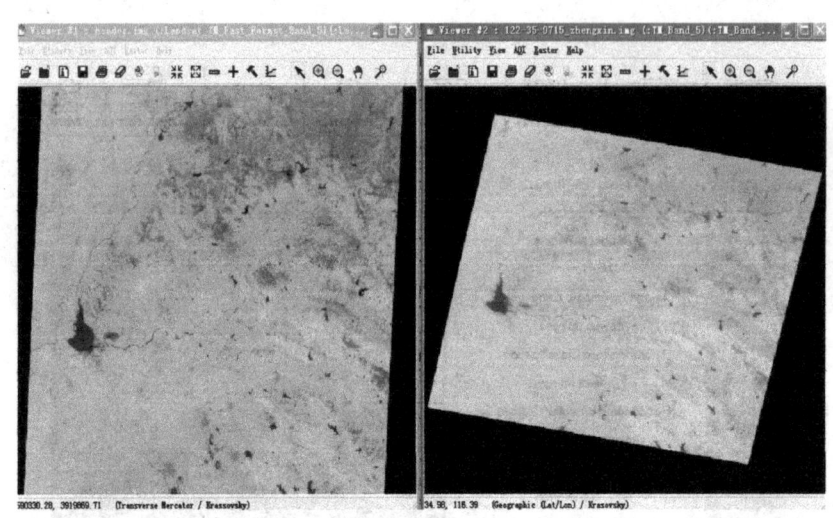

图 2-14　校正前后的影像对比

息量，辅助影像的判读与分析。

　　TM1 为蓝波段，对水体穿透力强，对叶绿素和叶色浓度反应敏感。

　　TM2 是绿波段，对健康茂盛植物绿光反射敏感，绿色植被高反射区包含其中，可用于探测健康植物绿色反射率，按其反射值大小可以评价植物生活力，区分林型、树种。

　　TM3 为红波段，是叶绿素的主要吸收带，可用于判读植物生长状况、健康状况等。

　　TM4 是近红外波段，位于植物的高反射区，反映大量植被信息，对植物的类别、生长力、病虫害等变化最敏感。

　　TM5 是中红外波段，位于水的吸收带内，对含水量敏感，可用于土壤湿度、植物含水量调查、水分状况的研究。

　　TM6 是热红外波段，可以根据辐射响应的差别区分地表温度分布、辨别表面湿度。

第 2 章
研究数据与数据处理分析

TM7 是中红外波段，位于水的强吸收带，对植被信息提取很有帮助。

彩色合成实际上是在选择一个最佳波段组合基础上，运用三基色原理，进行波段组合的赋色方案。它是决定彩色图像信息量和可解译程度的一个重要环节。

针对动态监测的需要、满足后期图像分类以及变化信息提取的要求，应采用定性和定量相结合的方法来选择彩色组合方案。按照波谱信息量分析，研究区 Landsat TM/ETM+ 的波谱信息含量由高到低依次为：Band5、Band4、Band7、Band3、Band1 和 Band2。按照图像在各波段的相关性分析结果，宜选择 Band3 中的一个波段，Band5、Band7 中的一个波段和 TM4 波段，作为最佳波段的可选方案。因此，在山东省某段高速公路沿线生态环境动态监测研究中，由一个可见光波段、一个中红外波段、一个近红外波段的组合为最佳，这样所形成的组合具有较大的信息量和较少的信息相关或冗余。综合考虑遥感图像各波段之间的相关性分析结果与波谱信息量分析结果，选择 Band5、Band4、Band3 这 3 个波段作为研究区最佳假彩色合成波段。

在试验中，经过对 TM/ETM+ 多光谱影像选择最佳波段组合后，要想得到最佳彩色合成图像，还需考虑赋值问题。人眼最敏感的颜色是绿色，其次是红色和蓝色，因此，应将绿色赋予方差最大的波段。按此原则，利用 ERDAS IMAGINE 的 RGB 合成图像功能，将 TM 影像中 Band5、Band4、Band3 波段分别赋予红（R）色、绿（G）色、蓝（B）色，然后再进行一维图像增强。即在彩色合成时，将可见光波段赋予蓝色通道，而中红外波段和近红外波段分别赋予红色通道和绿色通道，结果较好地模拟真彩色，有利于影像的判读。

　　TM3、TM4、TM5、TM7 这 4 个波段是涵盖有用信息最丰富的波段。根据人眼的视觉特性，主要选用 TM5、TM4、TM3 波段组合作为基本的解译用图像，见图 2-15。

图 2-15　TM5、TM4、TM3 波段组合

4. 图像增强

　　图像增强是采用一系列技术去改善图像的视觉效果，或将图像转换成一种更适合于人或机器进行分析和处理的形式。例如，采用一系列技术有选择地突出某些感兴趣的信息，同时抑制或去除一些不需要的信息，提高图像的质量和使用价值。

　　从增强的作用域出发，图像增强的方法可分为空间域增强和频率域增强两种。此外，还包括彩色增强技术。图像增强的分类见图 2-16。

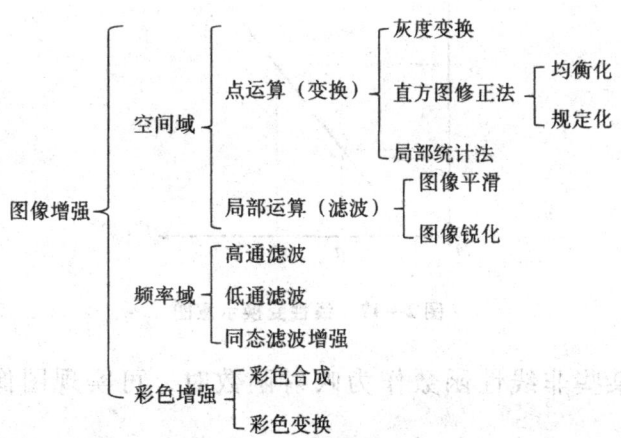

图 2-16　图像增强的分类

（1）空间域增强：直接对图像各像素进行处理。空间域是指图像平面所在的二维空间，空间域图像增强是指在图像平面上应用某种数学模型，通过改变图像像元灰度值达到增强效果，这种增强并不改变像元的位置。主要用灰度变化、直方图修正、滤波运算等方法。

①灰度变换：通过改变图像像元的亮度值来改变图像像元对比度，从而改善图像质量的图像处理方法。将图像中过于集中的像元分布区域（亮度值分布范围）拉开扩展，扩大图像反差的对比度，增强图像表现的层次性。包括线性变换和非线性变化。

②线性变换：采用线性函数进行变换，调整线性参数，改变变换效果令图像 $f(i,j)$ 的灰度范围为 $[a,b]$，线性变换后图像 $g(i,j)$ 的范围为 $[a',b']$，见图 2-17。$g(i,j)$ 与 $f(i,j)$ 之间的关系式为：

$$g(i,j)=a'+\frac{b'-a'}{b-a}(f(i,j)-a)$$

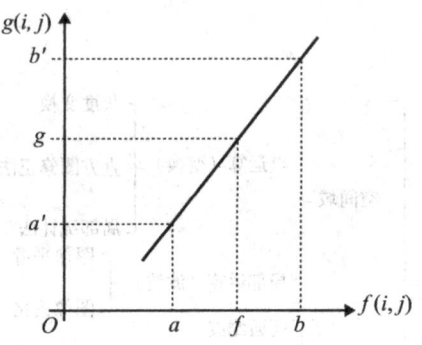

图 2-17　线性变换示意图

当用某些非线性函数作为映射函数时，可实现图像灰度的非线性变换。

特点：有选择地扩展某些灰度范围，其他范围的灰度值有可能被压缩。与分段线性变换不同的是，这种变换在整个灰度范围内采用统一的变换函数，利用函数的性质实现对不同灰度值区的扩展和压缩。

③直方图修正法：灰度直方图反映了数字图像中每一灰度级与其出现频率间的关系，它能描述该图像的概貌。原始遥感图像的直方图分布常集中于某一灰度区域，影像反差较小，显得模糊。通过修改直方图的方法来调整灰度的分布情况，以改善图像的灰度层次，使图像清晰明亮。直方图修正法包括直方图均衡化和直方图规定化两类。

直方图均衡化是将原始图像通过某种变换，得到一幅灰度直方图为均匀分布的新图像的方法。直方图均衡化是以累积分布函数处理原始图像，因此，一般会使原始图像的灰度等级减少，被合并的灰度级常是原始图像上出现频率较低的灰度级。直方图均衡化前后的对比见图 2-18。

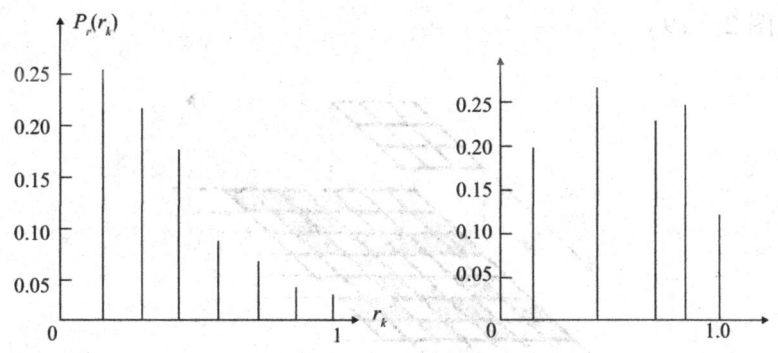

图 2-18 直方图均衡化前后的对比

直方图规定化是使原始图像灰度直方图变成规定形状的直方图而对图像作修正的增强方法。可见,它是对直方图均衡化处理的一种有效的扩展。直方图均衡化处理是直方图规定化的一个特例。

④图像运算:两幅或多幅单波段影像完成空间配准后,通过一系列运算可以实现图像增强,达到提取某些信息或去掉某些不必要信息的目的,包括比值运算、差值运算等。最常用的算法是植被指数,其用来突出遥感影像中的植被特征、提取植被类型或估算植被生物量;消除地形因素的影响。

⑤空间滤波:基于图像的空间频率,在图像的空间变量内进行局部运算,采用邻域处理方法突出或抑制图像的某些特征。运算简单,易于实现,精度较差,图像有不协调的感觉。算法的基本思想:通过像元与周围相邻像元的关系,采取空间域中的卷积方法进行图像增强。

图像卷积运算的基本思想:在空间域上对图像作局部检测运算,以实现平滑和锐化。利用一个卷积函数,也称为"模板"、"滤波核"或"掩模"、"滤波器",对图像进行逐点运算。卷积运算见图 2-19。

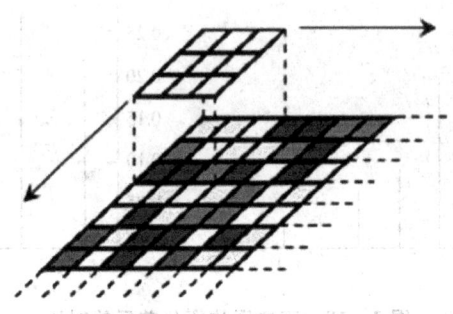

图 2-19 卷积运算示意图

选定一个模板 $T(m,n)$，即一个 $m \times n$ 的图像，图像中的像素值是系数而不是灰度值；从图像的左上角开始，开一个与模板同样大小的活动窗口，图像窗口各像元的灰度值与模板像元的系数值相乘再相加，得到新像元的灰度值。即：

$$r(i,j) = \sum_{m=1}^{M}\sum_{n=1}^{N} x(m,n)t(m,n)$$

式中：$x(m,n)$ 为窗口像元值；$t(m,n)$ 为模板系数值。将计算结果 $r(i,j)$ 放在窗口中心的像元位置，作为像元的新灰度值；活动窗口向右移动一个像元，进行同样的计算和赋值，依次逐点逐行运算，直至全图像扫描结束，新图像生成。

其主要包括平滑和锐化。

平滑：任何一幅原始图像，在其获取和传输等过程中，会受到各种噪声的干扰，使图像恶化、质量下降、图像模糊、特征淹没，从而不利于图像分析。一般地，图像相邻像素间存在很高的空间相关性，而噪声则是统计独立的。因此，可用邻域内各像素的灰度平均值代替该像素原来的灰度值，实现图像的平滑。平滑滤波能增强图像的低频成分，同时削弱高频成分，一般用于消除图像中的随机噪声,改善图像质量。

锐化:在图像的识别中常需要突出边缘和轮廓信息。

锐化的实质:增强图像的边缘或轮廓、线性目标或某些亮度变化率大的部分。

锐化的特点:平滑通过积分使图像边缘模糊,锐化则通过微分使图像边缘突出、清晰。

锐化后的图像已不再具有原始图像的特征,而成为边缘图像。可以通过锐化直接提取需要的信息。

(2) 频率域增强:是将图像经傅立叶变换后的频谱成分进行处理,然后逆傅立叶变换获得所需的图像。

频率域增强的一般过程如下:

$$f(x,y) \xrightarrow{DFT} F(u,v) \xrightarrow{H(u,v)} F(u,v)H(u,v) \xrightarrow{IDFT} g(x,y)$$

滤波

在频率域滤波中,关键是选择滤波器 $H(u,v)$。若利用 $H(u,v)$ 强化图像的高频分量,可使图像中物体的轮廓清晰,细节明显,为高通滤波;若利用 $H(u,v)$ 强化图像的低频分量,可减少图像中噪声的影响,能平滑图像,为低通滤波。

图像的平滑除在空间域中进行以外,也可以在频率域中进行。由于噪声主要集中在高频部分,为去除噪声,改善图像质量,滤波器采用低通滤波器 $H(u,v)$ 来抑制高频成分,通过低频成分,然后再进行逆傅立叶变换获得滤波图像,就可达到平滑图像的目的。常用的频率域低通滤波器 $H(u,v)$ 有四种。

图像的边缘、细节主要位于高频部分,而图像的模糊是由于高频成分比较弱产生的。频率域锐化就是为了消除模糊,突出边缘。因此,采用高通滤波器让高频成分通过,使低频成分削弱,再经逆傅立叶变换得到边缘锐化的图像。

（3）彩色增强：彩色增强技术是利用人眼的视觉特性，将彩色用于图像增强之中，将灰度图像变成彩色图像或改变彩色图像已有彩色的分布，改善图像的可分辨性，提高图像目标识别精度。彩色增强处理可分为伪彩色增强和假彩色增强两类。

伪彩色增强（单波段彩色变换）是把灰度图像的各个不同灰度级按照线性或非线性的映射函数变换成不同的彩色，得到一幅彩色图像的技术。使原始图像细节更易辨认，目标更容易识别。伪彩色增强的方法主要有密度分割法、灰度级—彩色变换和频率域伪彩色增强三种。密度分割法见图 2-20。

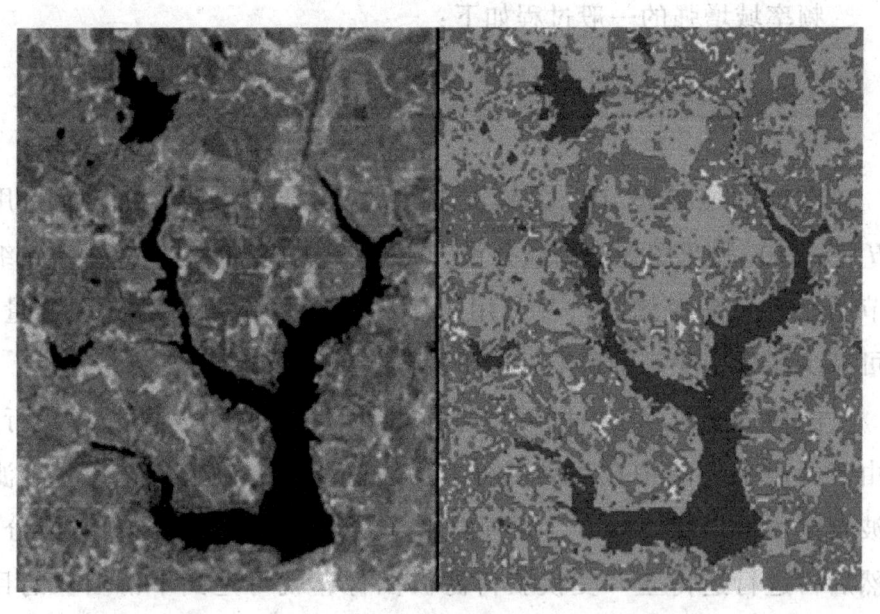

图 2-20 密度分割法（5级）

图 2-20 粗略显示了水体、植被、裸地/城镇等类别。不同的色彩表示图像的色调变化，增强了图像的显示能力。

假彩色增强（多波段彩色变换）的原理：是对一幅自然彩色图像或同一景物的多光谱图像，通过映射函数变换成新的三基色分量，彩色合成使感兴趣目标呈现出与原始图像中不同的、奇异的彩色，见图 2-21。

图 2-21　TM 的假彩色合成

目的：一是使感兴趣的目标呈现奇异的彩色或置于奇特的彩色环境中，从而更引人注目；二是使景物呈现出与人眼色觉相匹配的颜色，以提高对目标的分辨力。

将可见光波段与非可见光波段结合起来，通过假彩色处理，就能获得更丰富的信息，便于对地物识别。TM 的假彩色合成见图 2-22。

我们采用直方图均衡化的方法，对研究区的影像进行了增强处理。增强处理前后的影像见图 2-23。

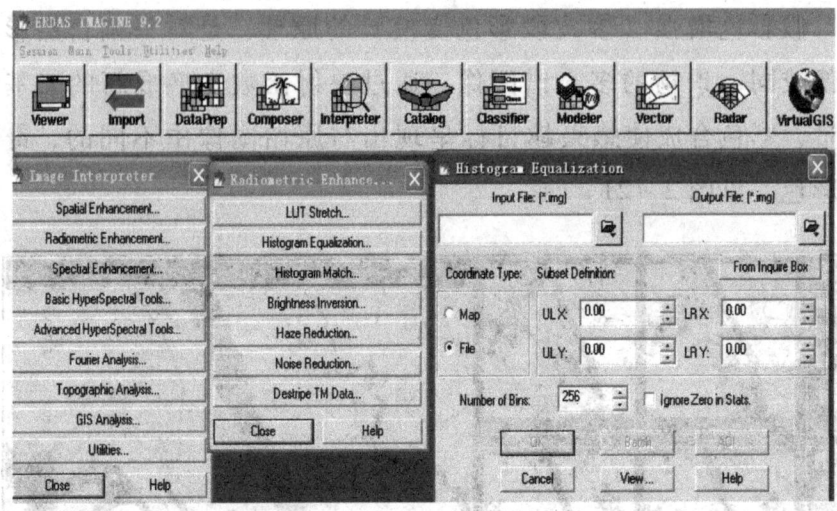

图 2-22　TM 的假彩色合成

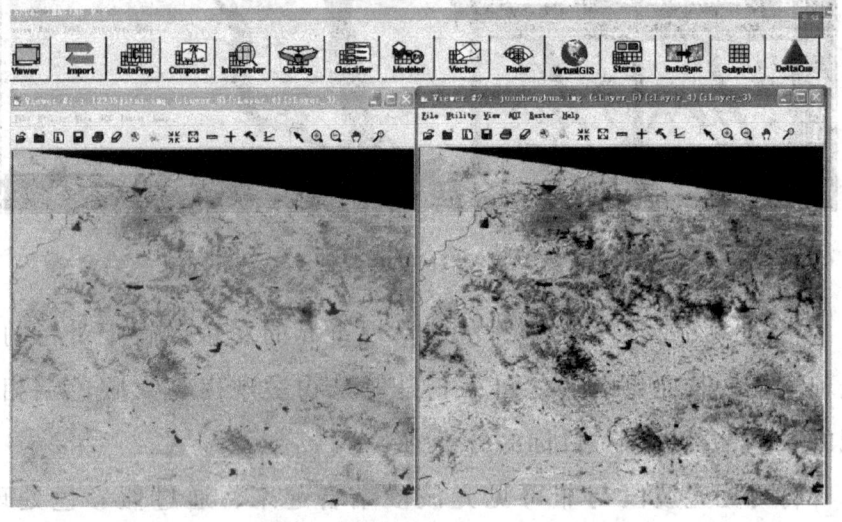

图 2-23　增强处理前后的影像

图 2-24 是以 Band5 波段进行直方图均衡化前后的直方图变化情况，原始图像直方图分布比较聚集，通过增强处理，得到一幅灰度直方图为均匀分布的新图像。

第 2 章
研究数据与数据处理分析

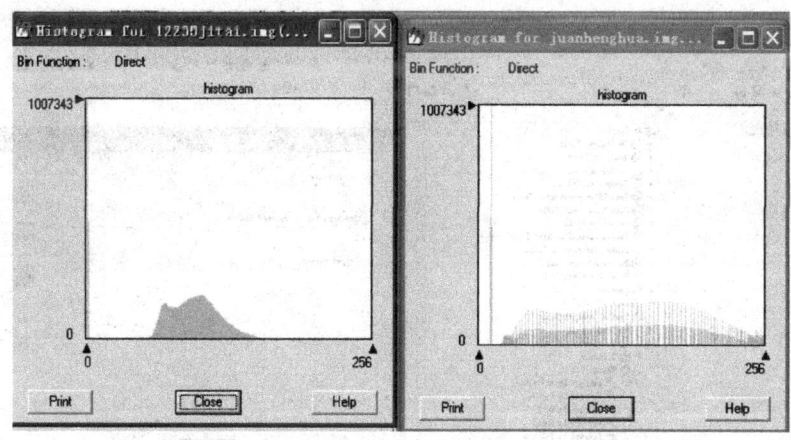

图 2-24 增强前后直方图的变化（Band5）

5. 研究区剪裁

在影像上定位出高速公路的位置，以道路中心线为中心，利用 ArcGIS 的缓冲区分析功能，向外作了 500m 的缓冲，以缓冲区为边界，剪裁影像作为研究区。缓冲区处理见图 2-25，研究区剪裁见图 2-26 和图 2-27。

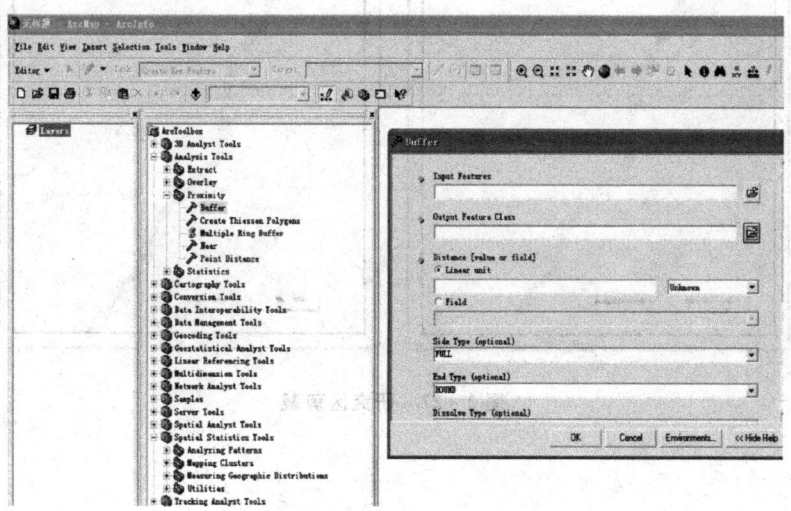

图 2-25 缓冲区处理

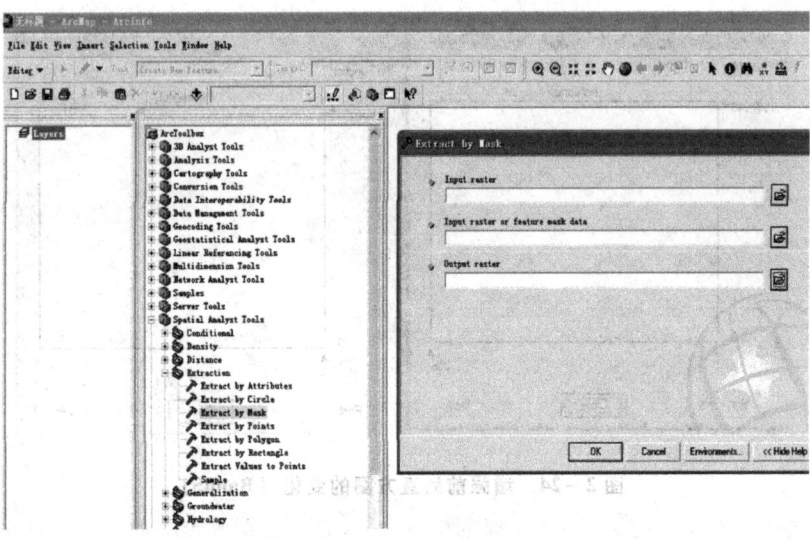

图 2-26　研究区剪裁

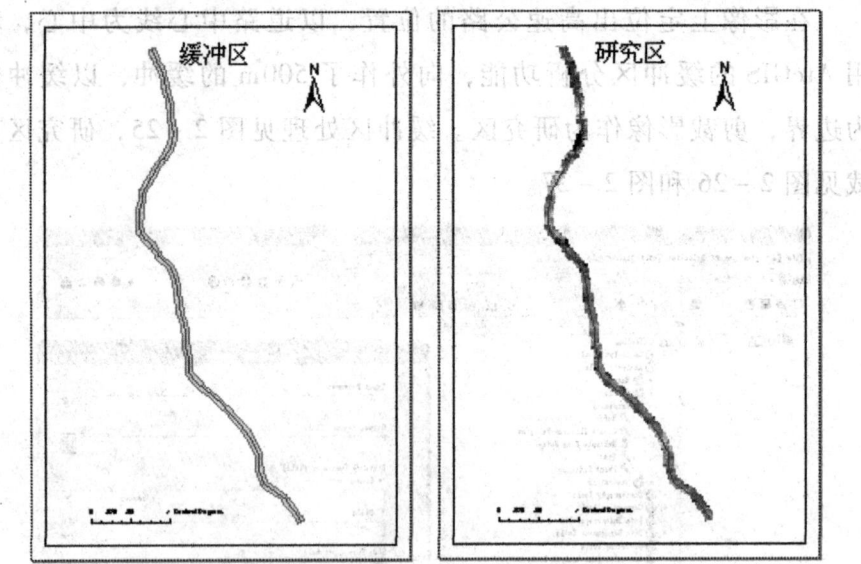

图 2-27　研究区剪裁

第3章
路域环境遥感监测与评价

3.1 公路沿线 NDVI 遥感监测

公路对沿线环境资源与生态的影响主要缘于公路建设对地貌、水文、土壤、植被和生物资源等多方面的影响，其中，植被状况是综合反映自然与人为驱动作用的关键所在。在对公路沿线环境地质状况分析研究中，植被的保护和恢复状况是公路沿线环境地质调查及生态环境建设的核心。这是因为植被具有诸多的环境维护功能，如减少水土流失与风蚀，达到护路护坡、保证交通安全的目的，通过绿化和美化起到改善公路景观的作用。同时由于植被对近地小气候起重要的调节作用，它是控制大气中温室气体浓度的重要手段，又是一系列污染物质的吸收者和积存所；植被能缓冲地表受外营力冲击、防风固沙、涵养水源、保持水土、改良土壤，植被还是一切陆地生物种群的贮藏库、避难所。为此，我们以研究区内的植被覆盖状况为指标进行遥感监测与分析研究，为综合多要素研究公路沿线环境地质及其脆弱性的空间分异性规律提供综合指示要素指标。

在地球环境这个巨大复杂的系统中，地表植被是最重要、最敏感的自然要素，也是土地覆盖的各种要素中最能反映土地利用与土地覆盖变化对生态环境所产生的影响。也就是说，地表植被的变化是土地覆盖变化的间接反映，是影响区域生态环境变化的主要因素。目前，区域植被覆盖的遥感宏观快速监测已经成为区域土地覆盖变化监测中的一个重要部分。在植被覆盖变化遥感监测研究中，植被指数已被广泛用来定性和定量评价植被覆盖及其生长活力。

植被指数又称为光谱植被指数，是航天遥感应用于对地观测而提出的专业术语，是指由遥感传感器获取的多光谱数据，经线性和非线性组合而构成的对植被有一定指示意义的各种数值。

自1972年人类发射第一颗人造地球资源卫星以来，科学家就试图研究并建立光谱响应与植被覆盖之间的近似关系。研究结果表明，利用在轨卫星的红光和红外波段的不同组合进行植被研究效果非常好。这些波段在气象卫星和地球观测卫星上都普遍存在，并包含90%以上的植被信息。这些波段间的不同组合方式被统称为植被指数。植被指数是根据植被反射波段的特性计算出来的反映地表植被生长状况、覆盖情况、生物量和植被种植特征的间接指标。植被指数的定量测量可表明植被活力，而且植被指数比单波段用来探测生物量有更好的灵敏性。植被指数有助于增强遥感影像的解译力，并已作为一种遥感手段广泛应用于土地利用覆盖探测、植被覆盖密度评价、作物识别和作物预报等方面，并在专题制图方面增强了分类能力。植被指数还可用来诊断植被一系列生物物理参量：叶面积指数（LAI）、植被覆盖率、生物量、光合有效辐射吸收系数（APAR）等；反过来又可用来分析植被生长过程：净初级生产力（NPP）和蒸散（蒸腾）等。

由于植被区的光谱是植被、土壤亮度、环境影响、阴影、土壤颜色和湿度等的综合反应，而且受大气信息环境及时相变化的影响，因此，植被指数没有一个通用的计算方法。目前，植被指数有很多种：比值植被指数、换型植被指数、绿度植被指数、土壤亮度指数、差值植被指数、农业植被指数、归一化植被度指数、修改型土壤调整植被指等，主要分为两类：绿度植被指数和亮度植被指数。

绿度植被指数一般与植被覆盖度相关，由近红外波段（NIR）和可见光红波段（R）组合而成。研究表明，植物光谱中近红外波段和可见光红波段这两个最典型波段值的不同组合与植被间有较好的相关关系，可见光红波段被植物叶绿素强吸收，进行光合作用，制造干物质，它是光合作用的代表性波段；近红外波段位于绿色植被强反射光谱区，它是叶子健康状况最灵敏的标志，它对植被结构差异、植物长势与植被含水量反应敏感，指示着植物光合作用能否正常进行。这两个波段数值的不同形式组合是植被指数的核心。绿度植被指数如 VIN（NIR/R）、NDVI、PVI。

亮度植被指数的原理：植被由于阴影与叶茎的吸收，使土壤反射降低。因此，亮度植被指数与地表反射率相关，它由那些对土壤反射特性比较敏感的波段组合而成。亮度植被指数广泛应用于监测、分析和植被结构的时空动态监测以及一些生物参数的估算。这类指数可以对生物覆盖特性进行估算和变化监测，如植被覆盖度（VF）、叶面积指数（LAI）、光合吸收分数、生产量等。

NDVI 是目前应用最广泛的一种植被指数，其算法为两个通道反射率之差除以它们的和，用公式表示为：

$$NDVI = \frac{\rho_{NIR} - \rho_R}{\rho_{NIR} + \rho_R}$$

NDVI（Normalized Difference Vegetation Index）：归一化植被指数，又称为标准化植被指数，被定义为近红外波段与可见光红波段数值之差和这两个波段数值之和的比值。经非线性归一化处理，将其比值限定在 [-1, 1] 范围内，NDVI 值越大表示植被的覆盖越好。该指数与植被分布密度呈线性相关，随覆盖度增加 NDVI 值迅速增大，但覆盖度增大到一定程度时，NDVI 值增加会很缓慢。NDVI 值越高，植被覆盖越好。它常用来反映植被状况、植被覆盖、生物量等信息，是反映植被生态环境的重要指标，还常被用来进行区域和全球的植被状态研究，对生态变化监测有重要意义。

在植被遥感中，NDVI 的应用最广泛。其优点在于：

①NDVI 是植被生长状态及植被覆盖度的最佳指示因子。

②NDVI 经比值处理，可以部分消除与太阳高度角、卫星观测角、地形、云/阴影和大气条件有关的辐射度条件变化（大气程辐射）等的影响。同时，NDVI 的归一化处理能使因遥感器标定衰退（即仪器标定误差）对单波段的影响从 10%～30% 降到 0～6%，并使由地表二向反射和大气效应造成的扰动影响减小。因此，NDVI 增强了对植被的响应能力。

③它特别适用于全球或各大陆等大尺度内的植被动态监测。

NDVI 除有以上优势以外，也有明显的局限性：

①NDVI 增强了近红外与红色通道反射率的对比度，它是近红

外和红色比值的非线性拉伸,其结果是增强了低值部分,抑制了高值部分。

②NDVI 对植冠背景的影响较为敏感,其中包括土壤背景、雪、枯叶、粗糙度等因素的变化,其敏感性与植被覆盖度有关。实验表明,作物生长初期 NDVI 值将过高估计植被覆盖度,而在作物生长的后期 NDVI 值偏低。因此,NDVI 值更适用于植被发育中期或中等覆盖度(低中等叶面积指数)的植被监测。研究还表明,中等覆盖度(50%)下,植被指数对土壤背景的敏感性最大;随着覆盖度减小,植被传递冠层散射和土壤反射的能力减弱;而植被覆盖度很高时,植被也无法传递有价值的土壤信号。只有在中等覆盖度下,近红外波段能量的散射与透射才能产生出与植被信号很相似的土壤反射光谱信号。

在资源环境遥感应用中,提取植被指数的数字处理方法是通过专业遥感处理系统,通过对遥感影像中有关植被指数相关的不同波段实施算法处理,从而得到植被指数。对于 Landsat TM/ETM + 遥感影像,依据各波段的物理意义及其环境指示作用,TM3(波长 $0.63 \sim 0.69 \mathrm{pm}$)为红外波谱段,是叶绿素主要吸收波段;TM4(波长 $0.76 \sim 0.90 \mathrm{pm}$)为近红外波谱段,对绿色植被的差异较敏感,是植被通用波段。即对于 Landsat TM/FETM + 遥感影像,按照归一化植被指数 NDVI 的定义,有:

$$NDVI = (NIR - Red)/(NIR + Red)$$
$$= (TM4 - TM3)/(TM4 + TM3)$$

在遥感处理软件中,计算近红外波段与红波段之差,再除以两个波段之和,即为 NDVI 值。在具体研究分析过程中,基于对研究区遥感数据的收集整理,获取得到研究区的 TM 遥感数据,利用

ERDAS IMAGINE 遥感图像处理系统，依据植被指数算法实施技术处理，得到研究区的 NDVI。

具体处理过程如下：

即利用 ERDAS IMAGINE 的 Modeler 绘制 NDVI 处理模型以实现植被指数的提取。在模块实施中，利用 ERDAS IMAGINE 遥感软件的图像处理中的条件判断功能，对影像各运算波段中的值采取逻辑判断处理，即对植被指数波段运算公式中分母值为零的情况进行特殊处理，以避免运算结果产生溢出的情况。即在 ERDAS IMAGINE Modele 的波段运算中，采用以下语句：

EITHER < arg1 > IF （< test >） OR < arg2 > OTHERWISE

其语法描述是：若测试条件 < test > 成立，则返回 < arg1 > 的值；否则返回 < arg2 > 的值。以研究区的 NDVI 提取为例，说明在 ERDAS IMAGINE 中提取植被指数处理的过程，见图 3-1。

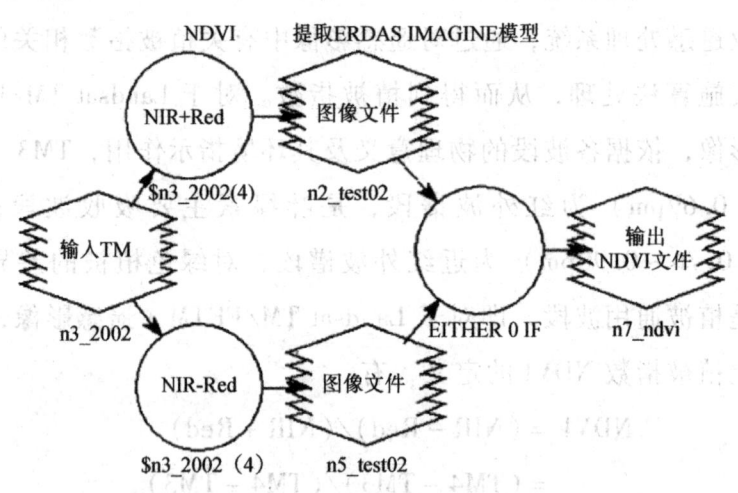

图 3-1　植被指数处理过程

（1）打开模块编辑器（Modeler Maker）进行图像模块编辑。

（2）根据图 3-1 所示的模块，点击模块工具栏绘制流程图。

第3章　路域环境遥感监测与评价

（3）在功能框中分别计算出 NIR – Red 和 NIR + Red，并分别保存在两个影像文件中。

（4）通过 ERDAS IMAGINE 的功能定义（Function Definition）中的条件选项（Conditional）中的 Either 条件判断语句对合并计算的功能框进行条件判断处理：

EITHER 0 IF（＄n2 _ test02 ＝＝ 0）OR（＄n5 _ test02/＄n2 _ test02）OTHERWISE

其中，＄n2_test02 代表 NIR + Red 生成的影像文件；＄n5_test02 代表 NIR – Red 生成的影像文件。该语句执行的功能为：如果 NIR + Red ＝ 0，则生成的图像文件此点的值为 0；否则，进行"＄n5_test02/＄n2_test02"运算。

（5）选择窗口菜单"Process – Run"执行该模块运算，将运算结果输出为 NDVI 影像磁盘文件。至此，遥感影像 NDVI 值的提取就已完成。见图 3 – 2。

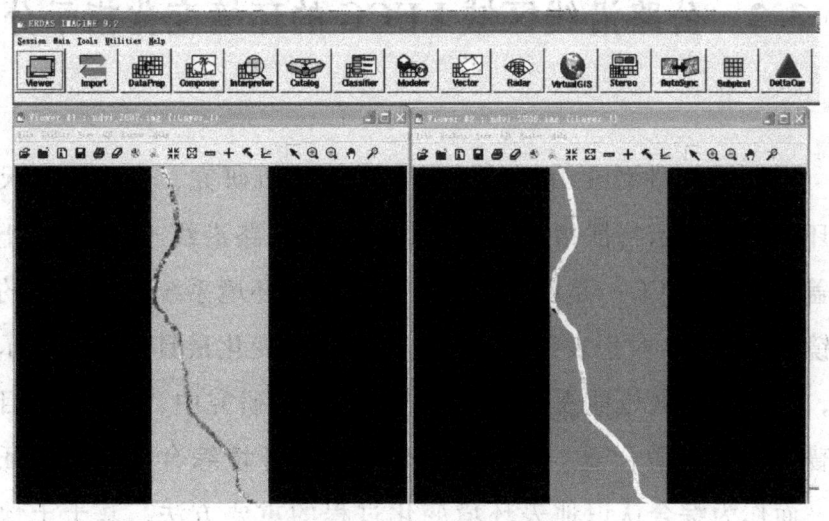

图 3 – 2　提取的 2016 年、2020 年研究区 NDVI 图

NDVI 值在 [-1, 1] 之间，负值表示地面覆盖为云、水、雪等；0 表示有岩石或裸土等，NIR 和 R 近似相等；正值表示有植被覆盖，且随覆盖度增大而增大。NDVI 值越大，在图像上越亮，从 2016 年和 2020 年研究区的 NDVI 图像上可以看出，2020 年的 NDVI 值比较高，植被覆盖比较好。2020 年影像的 NDVI 值比 2016 年影像的 NDVI 值高很多，说明 2020 年的植被覆盖情况比 2016 年好，生态环境趋于好转。2020 年影像的 NDVI 值高，还与成像时间和当地的农作物有关。2016 年 ETM+ 的成像时间是 2016 年 10 月 6 日，2020 年影像的成像时间 2020 年 5 月 2 日。该段高速公路沿线区域农田的主要农作物为玉米等秋季作物。10 月份正是秋季作物的收获时间，不少农田此时已是裸地，所以 NDVI 值较低；而 5 月份主要农作物小麦生长比较旺盛，所以 NDVI 值比较高。

3.2 公路沿线区域 LUCC 的环境变化指示分析

为了对公路沿线山地环境变化进行分析研究，选取适合尺度的环境变化指示特征指标是十分必要的。公路沿线土地利用/土地覆盖变化（LUCC）是反映现实区域中公路环境系统综合变化的一面镜子，LUCC 对于表征公路沿线山地环境变化最具有代表指示作用，因此，在区域地表景观层次的环境变化研究中，LUCC 是目前被普遍认可的最合适、最常用的表达相关环境综合意义的特征指标。而作为综合认识地表环境变化过程的重要方法，基于土地利用/土地覆盖指标所建立的 LUCC 模型自然也就成为分析公路沿线山地环境变化过程的主要技术手段，其作用和目的正是在于对公路沿线山地环境变化状况进行尽可能地描述、解释、预测，并用于指导规划管理与决策应用。

LUCC是一个跨学科领域的研究课题。广义上讲，LUCC研究旨在更好地理解与不断地认识不同时间与空间尺度上土地利用与土地覆盖的相互作用及其变化，包括土地利用与土地覆盖变化的过程、机理及其对人类社会经济与环境所产生的一系列影响，为全球、国家或区域的可持续发展战略提供决策依据。狭义上讲，LUCC研究要试图完成上述目标，至少应开展如下几个方面的研究：①土地利用与土地覆盖变化的类型分析；②土地利用与土地覆盖变化的过程研究；③探讨人类对土地利用与土地覆盖变化的反应；④建立综合的全球性或区域性的变化模型，探讨不同空间尺度上土地利用与土地覆盖变化的动力学机制；⑤开展有关土地表层、生物过程及其动力机制方面的数据库建设。

综观目前国际上有关LUCC研究，其内容可以大致归纳为三个核心，即土地覆盖的变化监测、土地利用的动力机制、LUCC的区域与全球模型研究。在研究区开展LUCC研究的主要目的是针对它对公路沿线环境变化的指示作用，借助LUCC遥感监测与分析，揭示山东省某段高速公路沿线地区山地环境类型、变化过程以及驱动机制与效应规律。

3.3 遥感技术在LUCC研究中的应用分析

土地利用/土地覆盖变化研究要揭示环境变化的过程与机制，

首要条件是具备动态地反映变化过程信息及其处理的方法。遥感技术具有对地观测的宏观、快速优势,而土地利用/土地覆盖本身就是遥感图像上表现最为直观的特征信息,GIS作为处理空间特征信息最先进的技术手段,GPS具有精确定位的能力,因此,综合RS、GPS与GIS技术应用成为目前土地利用与土地覆盖变化研究技术体系中的主要组成。特别地,随着遥感对地观测分辨率的提高,卫星遥感技术可在大范围内进行高空间精度的土地覆盖变化的测量与制图、在区域规模尺度上进行准确的土地覆盖变化的追踪研究越来越广泛。目前,在区域土地利用与土地覆盖变化的研究中,遥感技术主要可完成以下几个方面的工作:

3.3.1 土地利用/土地覆盖的遥感分类

土地利用与土地覆盖分类是遥感数据在路域土地资源分析及应用的第一步,也是资源与环境动态监测工作中查明土地利用现状的前提准备工作。在采用遥感手段进行土地利用与土地覆盖变化的分类研究中,特别需要考虑的是,仅靠遥感手段是不可能完全解决土地利用与土地覆盖变化分类问题,遥感技术必须与常规的调查研究与社会经济方法相结合。一般地,如首先需要确定能客观地反映土地利用/土地覆盖变化的分类指标体系;尽可能收集所研究地区或相关地区土地利用/土地覆盖的参考资料(包括基础图件与本底数据等);采用识别土地利用/土地覆盖变化的有效方法。

3.3.2 土地利用与土地覆盖变化的动态监测

动态监测主要包括对影响土地利用/土地覆盖变化的各类自然、社会与经济条件的变化以及对土地利用与土地覆盖本身变化的监测。遥感图像的多光谱及多时相特性为土地利用动态监测的定性、定量分析提供了丰富的信息。目前，传统处理方法是通过对同一地区不同时段的图件、遥感图像分类结果进行比较，从而发现该地区在不同时间的差异。一般地，根据现有实践经验：若单纯用卫星遥感方法进行土地利用监测，地面分辨率为3m的资料可满足1:10000成图调查要求；地面分辨率为15m的资料可满足1:50000成图调查要求；地面分辨率为30m的资料能满足1:100000成图调查要求。由于小比例尺地图土地利用与土地覆盖的分类、精度等与大比例尺地图存在着明显的差异，局部地区土地利用与土地覆盖相关图像之间的直接对比无法揭示更大尺度上的土地利用与土地覆盖变化规律。因此，在遥感技术的应用过程中，遥感技术必须与社会经济方法相结合，充分考虑相关的辅助资料提供的有用信息，结合已有的土地利用现状图、土地利用现状调查报告、土地详查变更资料以及相关自然及社会经济调查统计资料等数据，将获取的遥感图像和原有的同区位土地利用空间信息进行叠加分析，不仅可以保证监测精度，同时可以提高工作效率，缩短工作周期。

3.3.3 研究区土地利用与土地覆盖分类体系

进行土地利用与土地覆盖信息提取，首先要确定其分类体系。

遥感影像分类体系的划分是进行遥感影像分类的重要依据和基础，在实际划分过程中需要充分考虑影像实际可解能力和研究区内土地覆盖特征，在划分过程中要适当地往土地利用分类系统靠近，以便于利用遥感技术对土地利用现状图进行动态更新。分类体系一般要遵循两个方面的原则：即一套解译标志和一套分类规则。没有一个严谨的分类规则，地物的分类将缺乏连续性。此外，一个分类系统还必须遵守两个准则：一是类与类之间完全排斥，即研究区域中的任何一类都属于且仅属于一个类别；二是分类必须完全穷尽，即任何一类单元都只有一个标志。一个最终的分类系统必须具有层次性和等级性。

参考《中国国家资源与环境遥感宏观调查与动态研究》一书中土地资源分类系统，以及土地利用的主要特征，将其分为农田、林地、居民地、水域、交通用地和未利用地六大类。考虑到同一土地利用类型之间光谱特性也存在较大差异，为了更好地提取土地利用信息，在对遥感影像进行监督分类时，将农田划分为旱地和水浇地，将水域划分为河流沟渠和水库坑塘，在输出信息时将它们合并，按六大类统计。即：

农田：包括水浇地、旱田等。

林地：包括人工林、农田林网等。

居民地：包括城镇、农村及工矿用地等。

水域：包括河流、灌渠、水库、坑洼水面等。

交通用地：包括原有各种道路。

未利用地：包括盐碱地、荒草地等。

遥感图像是通过灰度值或像元值的高低差异（反映地物的光谱信息）及空间变化（反映地物的空间信息）来表示不同地物差

异的,如不同类型的植被、土壤、岩石及水体所表现的光谱特征就不同,这是我们区分不同影像地物的物理依据。遥感图像分类是信息提取及处理的关键技术之一。快速、高精度的遥感图像分类方法是实现各种实际应用的前提。

依据遥感基础理论,同类地物在相同条件下(纹理、地形、光照以及植被覆盖等)应具有相同或相似的光谱信息特征和空间信息特征,因此,同类地物具有某种内在的相似性,将集群在同一特征空间区域;不同类地物像元具有不同的光谱与空间信息特征向量,将集群在不同的特征空间区域。遥感图像分类就是通过对遥感图像中各类地物或现象的光谱信息、空间结构信息等特征量进行分析,发现特征(能够反映地物光谱信息和空间信息并可用于遥感图像分类处理的变量)模式,用一定的分类原则(判别函数和相应的判别准则)将特征空间划分为互不重叠的子空间,然后将影像中各个单元划归到各个子空间去的过程。但在客观现实中,由于遥感影像本身的空间分辨率以及"同物异谱"、"异物同谱"现象的存在,往往导致分类结果会出现较多的错分、漏分情况,导致分类精度有限。

比较经典的遥感影像分类方法一般包括目视判读分类、区域划分分类、分层分类、统计分类等。传统分类方法因多是针对空间分辨率较低的卫星遥感光谱数据(一般带有综合光谱信息的特点,分类结果中存在类别边缘的像元,即混合像元),致使计算机分类面临着诸多模糊对象。同时,由于地物类型分布方式本身的复杂性,仅利用单一分类规则或简单地按灰度数据对影像进行分类,而不考虑空间位置、色调特征等构成影像的多种因素也是造成传统分类方法不理想的重要原因。目前,随着计算机计算能力的迅速提高，以及越来越多的高分辨率遥感影像数据源的出现，近年来神经网络、模糊数学、决策树分类法以及专家系统等新方法，以及基于纹理特征的图像分类方法逐渐在遥感影像处理中发挥越来越重要的作用，并取得了一定的进展。但目前在资源环境领域，遥感分类应用较多的仍是统计分类模式，如最小距离法、平行六面体法、最大似然法、等混合距离法、循环集群法等监督、非监督分类方法。下面简要介绍本书研究试验中涉及的有关方法。

1. 非监督分类

非监督分类（Unsupervised Classification）是指人们事先对分类过程不施加任何的先验知识，而仅凭遥感影像地物的光谱特征的分布规律，即自然聚类的特征进行"盲目"分类。其分类结果只是对不同类别达到了区分，但并不能确定地物的属性，其类别的属性是通过分类结束后目视判读或实地调查确定的。

非监督分类也称为聚类分析，即在非监督分类时，并不要求具体地物的已知知识，它以图像的统计特性为基础，假定相同的地物特征反映为相同的光谱反射，在多维图像空间中，则考虑为同一地物在多维空间中存在一个聚集点所构成"点群"，即同点群的像元彼此相似。

非监督分类仅用统计的方法对图像数据进行分类，不需要定义任何训练分类器，仅根据图像本身的统计特征和点群分布情况，判断像元所属类别。它不要求对地物已知的知识，完全以图像的统计特性为分类的基础，所以每种类别在分类后在意义上是未知的，需要参照原始图像和实际地物来赋予每种类别意义。

常用的非监督分类方法有：等混合距离法（ISOMIX）、循环集群法（ISODATA）和 K 均值算法（K–Means）等。非监督分类方法在分类之前不需要人的干预，完全依据于地物的光谱反射数据，操作简单，易于实现，国内外在这方面也有不少成功的应用。但在实际应用中，由于"同谱异质"、"同质异谱"以及混合像元等现象的存在，使得非监督分类的精度不是很理想。非监督分类见图 3–3。

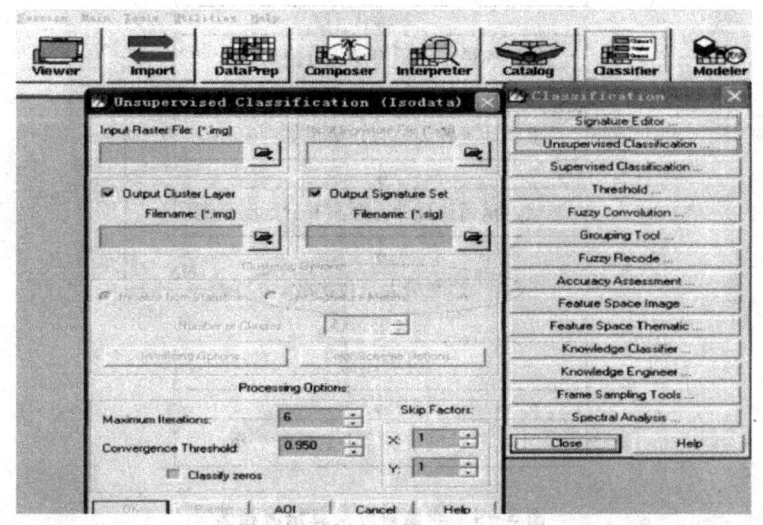

图 3–3 非监督分类

本书采用了 ERDAS IMAGINE 软件中 Classifier（图像分类）模块的 Unsupervised Classification（非监督分类）提供的循环集群法（ISODATA），进行土地利用与土地覆盖信息的提取，其试验过程见图 3–4。

2. 监督分类

监督分类（Supervised Classification）又称为训练区分类。它是利用对地面样区的实况调查资料，从已知训练样区得出实际地

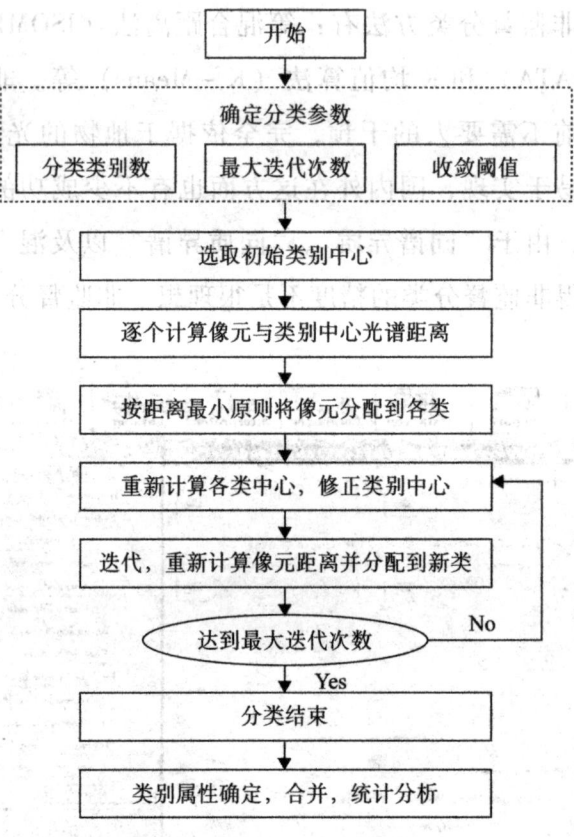

图 3-4 非监督分类算法流程图

物的统计资料，然后再用这种统计资料作为图像分类的判别依据，并依据一定的判别准则对所有图像像元进行判别处理，使具有相似特征并满足一定识别规则的像元归并为一类。监督分类需要在进行分类前定义训练样本，并以此作为图像分类的判别依据。在训练区分类中，由于训练样区所提供的判别资料是与一定的地物相对应的，因此，计算机便能将满足该类条件的像元识别为与训练样区相一致的地物，如此完成对整幅图像的处理。一般地，遥感图像监督分类遵循以下过程（见图3-5）：

①定义分类类别。

②选择训练数据。

③选择或构造训练分类器。

④最终像元分类及其分类精度评价。

其中,每个步骤都对最终分类的不确定性有很大影响。

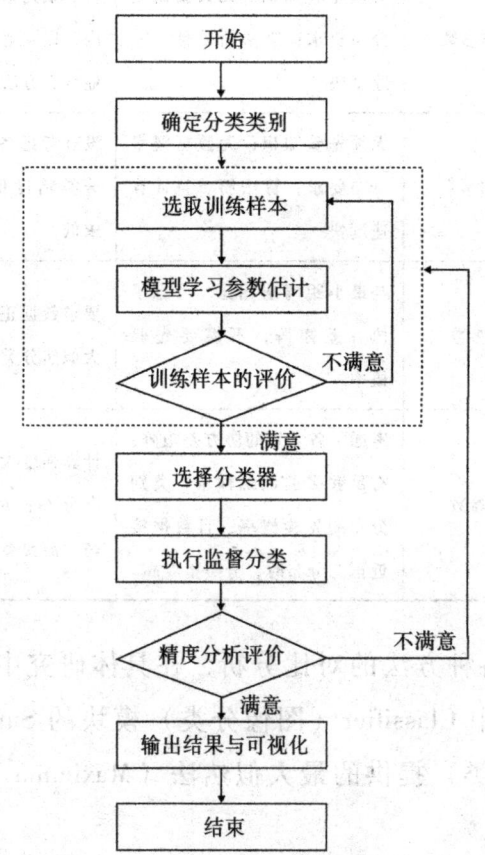

图 3-5 监督分类算法流程图

监督分类的方法较多,主要包括:最大似然法、最小距离法、平行六面体法、马氏距离法、波谱角度制图仪法、特征曲线法、神经网络法以及模糊分类法等。各种监督分类方法比较见表 3-1。

表 3-1　　　　　　　各种监督分类方法比较

分类方法	（非）参数	优点	缺点
K-NN法	非参数	无须先验知识；无数据概率分布，要求；"椒盐现象"程度低	要求训练数据样本大；训练样本大时计算强度大；分类结果对训练数据选取的质量非常敏感
平行六面体法	非参数	无须先验知识；无数据概率分布要求；算法简单且计算速度快	各类别光谱特征范围重叠的区域内，以及范围外的像元要借助其他分类方法
最小距离法	非参数	无须先验知识；无数据概率分布要求；算法简单且计算速度快	没有考虑各类别的协方差矩阵，分类精度低；对训练样本数要求低
马氏距离法	参数	与最小距离法相比，考虑了协方差矩阵，不需要先验概率	要求数据正态分布；精度低于最大似然分类
最大似然法	参数	考虑了各类别的协方差矩阵；有足够多的训练样本、类别分布的先验概率，且数据接近正态分布时，分类精度高	计算强度大；假设数据服从于正态分布；对训练样本数据要求高；需要类别先验概率分布

综合上述各种方法的对比分析，在具体研究中采用了 ERDAS IMAGINE 软件中 Classifier（图像分类）模块的 Supervised Classification（监督分类）提供的最大似然法（Maximum Likelihood），见图 3-6。

在具体试验中，首先对 TM 图像进行目视解译，并参考研究区土地利用现状图和外业实地调查资料，对各种类别的训练区进行划定。然后利用 GPS 野外调查数据验证，最终确定各地类的解译标志。

第 3 章
路域环境遥感监测与评价

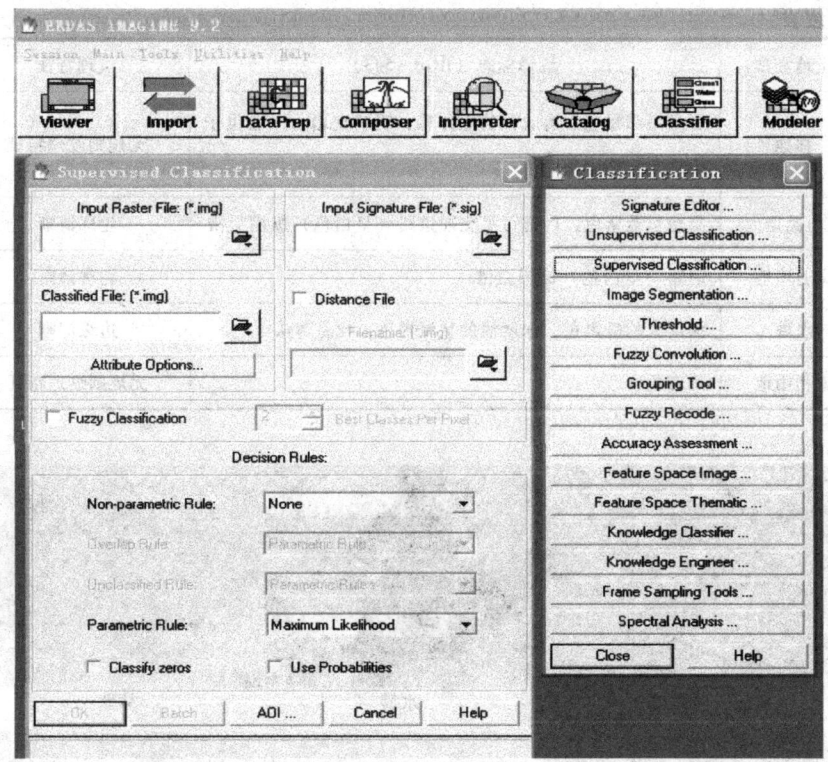

图 3-6　监督分类

3. 解译标志的建立

在进行分类前，须对解译人员进行一定训练，通过解译标志的识别达到对影像地类的判别。研究区主要地类的 ETM 影像训练样本解译标志见表 3-2，TM 影像解译标志见图 3-7。

表 3-2　研究区主要地类的 ETM 影像训练样本解译标志

土地类型	解译标志（RGB-543）	纹理特征
农田	影像呈淡绿色，有规则的纹理，地块田埂间种，有零星的树木	有规则的纹理

续表

土地类型	解译标志（RGB-543）	纹理特征
林地	影像呈深绿色，有较强的立体感，明暗交错，一般位于山地上、路旁	无规则纹理特征
居民地	影像呈蓝紫色，内部可见交通道路（呈白色）纵横交错	轮廓清晰
交通用地	道路（呈白色）纵横交错	轮廓清晰
水域	深度大的呈黑色，深度浅的呈深褐色，较易辨认	边缘清晰
未利用地	淡红色	无规则纹理特征

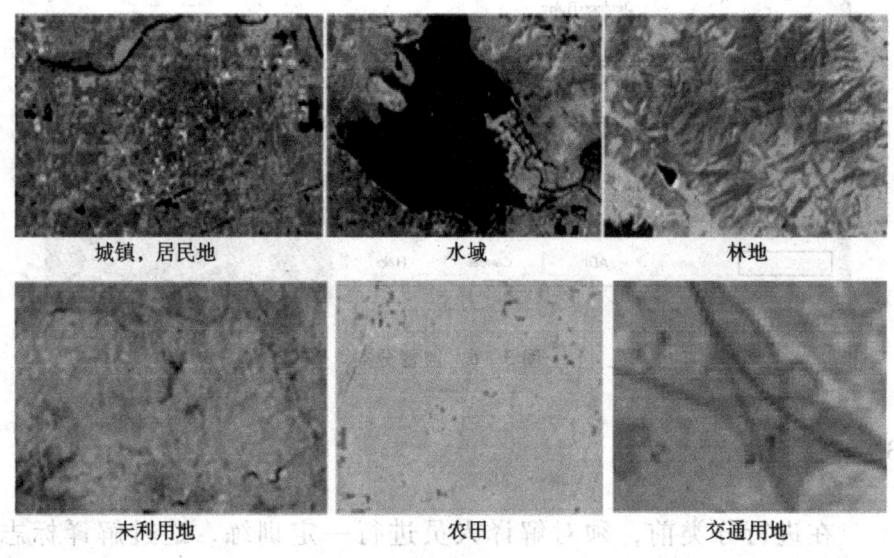

图 3-7 TM 影像解译标志图

遥感图像监督分类与非监督分类的区别在于：两者确定类别的先后顺序不同，非监督分类是从统计学的角度对像元进行类别划分后再决定像元所属类别；监督分类则需要预先对类别进行划分，然后根据确定类别的训练区的样本对影像分类。与非监督分类方法相比，监督分类方法有较多的优势，应用比较广泛，现在

第 3 章
路域环境遥感监测与评价

又发展了许多新的分类方法,如对最大似然法的改进等。

分类精度是指分类图像中的像元被正确分类的程度。为了比较分类方法和效果,进行分类精度评估是必要的。目前,在遥感应用中,衡量分类精度最广泛的方法是由 Congalton 提出的误差矩阵法(Error Matrix)(R. G Congalton, 1991),它是一个 r×r 矩阵(r 是类型数),矩阵中的元素表示调查验证元数据的数目,见表 3-3。

表 3-3   误差矩阵

类型		参考数据				
		1	2	……	r	行总和
分类数据	1	X_{11}	X_{12}	……	X_{1r}	X_{1+}
	2	X_{21}	X_{22}	……	X_{2r}	X_{2+}
	……	……	……	……	……	……
	r	X_{r1}	X_{r2}	……	X_{rr}	X_{r+}
列总和		X_{+1}	X_{+2}	……	X_{+r}	N

分类误差的精度分析是基于误差矩阵(表)进行的。衡量分类精度的主要指标有生产者精度(Producer's Accuracy, PA)、用户精度(User's, Accuracy, UA)、总体精度(Overall Accuracy, OA)、漏分误差(Omission Errors)、错分误差(Commission Errors)和 Kappa 系数等(R. G. Congalton, 1999)。

其中,生产者精度(PA)是指某一类别的正确分类数(表 3-3 中主对角线上的数据 X_{rr})占参考数据中该类别像元总数(列数据和 X_{+r})的比例,对应的误差为漏分误差。用户精度(UA)是指某一类别的正确分类数(表 3-3 中主对角线上的数据 X_{rr})

占该类像元分类总数（行数据和 X_{r+}）的比例，对应的误差为错分误差。总体精度（OA）是指总分类正确数（即主对角线数据之和 $\sum X_{rr}$）占总抽样数（N）的比例，它反映分类结果总的正确程度。

由于总体精度仅仅利用了误差矩阵主对角线上的元素，而未利用整个误差矩阵的信息，全面衡量分类误差尚显不足，因此，许多研究者提出了 Kappa 系数指标。即：

$$K = \frac{N \sum_{i=1}^{r} X_{ij} - \sum_{i=1}^{r} (X_{i+} \times X_{+j})}{N^2 - \sum_{i=1}^{r} (X_{i+} \times X_{+j})}$$

式中：K 为 Kappa 系数；r 为分类矩阵的行数；X_{ij} 为第 i 行第 j 列的观察值；X_{i+} 和 X_{+j} 分别为分类误差矩阵的行总和及列总和；N 为总观测值。由于 Kappa 系数充分利用了分类误差矩阵的信息，因此，其可作为分类精度评估的综合指标。

在具体研究中，误差矩阵由像元抽样产生。抽样时，需确定抽样点数和抽样方法，并逐个确定像元点的参考（实际）类别。在 ERDAS IMAGINE 软件支持下，利用分类模块（Classifier）中的 Accuracy Assessment 功能首先随机产生抽样点，然后逐点进行参考类别确定。参考类别应根据收集的土地利用现状图、GPS 调查点，以及结合目视解译等确定，逐点对抽样点进行准确的参考类别确定，最后执行评价，分别得到初步分类图的精度评估误差矩阵，见图 3-8。

为了提高分类精度，在具体研究中尝试采取以下两种方法进行改进处理：

第 3 章
路域环境遥感监测与评价

```
ERROR MATRIX
                            Reference Data
Classified
     Data    nongtian      jiaotongyo      jumindi
  nongtian      303             0             0
 jiaotongyo      0             63             2
   jumindi      0              0            247
    shuiyu      0              0              0
     lindi      0              0              1
 weiliyongt     0              0              0

Column Total    303            63            250

                            Reference Data
Classified
     Data    lindi        weiliyongt      Row Total
  nongtian      0              0            303
 jiaotongyo     1              0             66
   jumindi      2              0            249
    shuiyu      0              0             51
     lindi    142              0            143
 weiliyongt     1             74             75

Column Total   146             74            887

       ----- End of Error Matrix -----
```

图 3-8 误差矩阵

一是根据区域的异质程度和同谱异物情况，把易混的类别区域剪裁开，这样也可以提高分类精度，但精度会随着区域地物的复杂程度而变化。

二是结合 GPS 调查数据、地理空间数据等对人机交互目视解译进行修正。在具体研究中，我们主要采用此方法对整个研究区进行修正，最后的分类精度达到 90%。

由于监督分类和非监督分类都是按照图像光谱特征进行分类的，所以带有一定的盲目性。因此，计算机自动分类后的结果需要进行分类后处理，才能得到理想的分类结果，其中最主要的是进行小图斑的处理操作。因为经过初步分类后的土地利用影像中存在较多的细碎图斑，因此，有必要对分类后的影像进行小图斑处理。

利用 ERDAS IMAGINE 遥感图像处理软件中的 GIS 分析命令 Clump、Eliminate 可以联合完成小图斑的处理工作，具体操作见图 3-9。

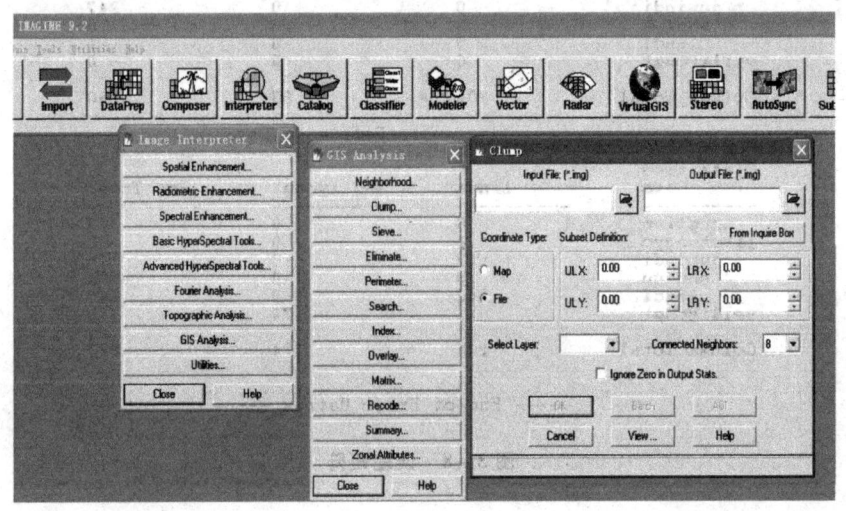

图 3-9 分类后处理

首先，利用 Image Interpreter 模块的 GIS Analysis 子模块中的 Clump 命令计算研究区遥感分类影像中每个分类图斑的面积，记录相邻区域中最大图斑面积的分类值，并产生一个聚类统计类组输出文件。然后，利用 Image Interpreter 模块的 GIS Analysis 子模块中的 Eliminate 命令对产生的 Clump 类组文件进行去除分析，也就是说，Eliminate 命令先将聚类统计类组文件中小于所定义的最小尺寸的小图斑删除，再将删除的小图斑合并到相邻的最大的分类中，并将分类图斑的属性值自动恢复为 Clump 处理前的原始分类的属性。经过分类处理后的影像以能够满足实际应用的统计斑块要求为标准。

4. 人工补充解译和野外校核验证

人工补充解译是判读的重要环节之一，可以分为两类：根据外业资料修改与根据经验修改原有分类。遥感解译内容需作必要的野外验证与校核。对遥感解译所提供的分类结果利用部分外业调查点进行验证，以此验证遥感解译的可靠性和应用程度，并在此基础上，结合野外调查成果现场校核、修正。外业地类点修改见图 3-10，经验修改见图 3-11。

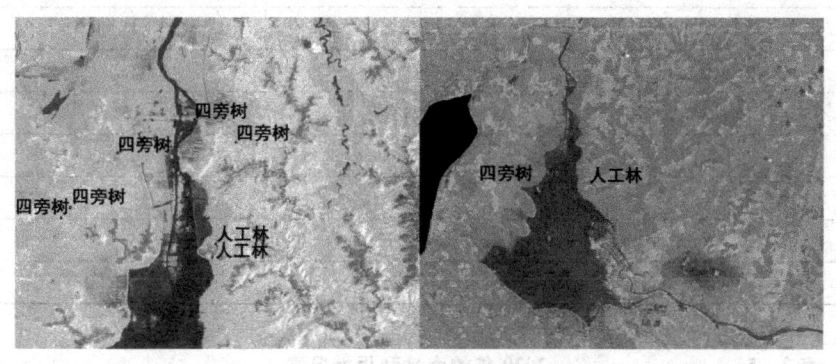

图 3-10　外业地类点修改图

图 3-11　经验修改图

3.3.4 LUCC 研究结果分析

基于上述遥感图像处理与土地利用/土地覆盖类型信息提取，获得了山东省某段高速公路沿线地区在 2016 年及 2020 年两个时段的土地利用/土地覆盖遥感监测结果，见表 3-4 和表 3-5。

表 3-4　　　　　　　　　　2016 年的土地利用情况表

类型	面积（km²）	所占比例（%）
农田	25.126887	41.00
林地	13.170016	21.49
居民地	8.52132	13.91
水域	1.252607	2.04
交通用地	8.331355	13.60
未利用土地	4.876177	7.96
总计	61.278363	100.00

表 3-5　　　　　　　　　　2020 年的土地利用情况表

类型	面积（km²）	所占比例（%）	面积变化（km²）	变化率（%）	百分比变化（%）
农田	24.064429	39.27	-1.062458	-4.23	-1.73
林地	13.439716	21.93	0.269700	2.05	0.44
居民地	8.951593	14.61	0.430273	5.05	0.70
水域	1.607079	2.62	0.354472	28.30	0.58
交通用地	8.707198	14.21	0.375843	4.51	0.61
未利用土地	4.508348	7.36	-0.367829	-7.54	-0.60
总计	61.278363	100			

对比 2016 年和 2020 年的土地利用情况表可以看出，面积减少的是农田和未利用土地，林地、居民地、水域和交通用地的面积都增加了。农田在研究区所占的比例是最大的，农田的变化面积

也是最大的，从 2016 年到 2020 年，面积减少了 1.062458 km²，变化率为 -4.23%，所占研究区面积的比例变化也是最大的，减少了 1.73%，未利用土地的变化也较大，面积减少了 0.367828 km²，变化率为 -7.54%。居民地和交通用地均有增加，分别增加了 0.430272 km² 和 0.375843 km²，说明从 2016 年到 2020 年，高速公路沿线地区的建设步伐较快，居民地和交通用地扩张剧烈，侵占了大量的农田和部分未利用土地。林地面积增加了 0.269700 km²，变化率为 2.05%。变化率最大的是水域，变化率达 28.30%，水域面积增加了 0.354472 km²，主要是因为 2020 年水库的水比较充足，2016 年水库的水较少。

3.4 生态环境现状评价

公路景观是由公路主体、周围自然环境（气候、水文、土壤、地质、地貌、生物等）以及人文景观（各种建筑、农田、人工植被、雕塑、人工标志等）等构成的综合景观体系，它是指人们驾车行驶在公路上以及从公路以外区域所看到的公路及其构造物和周围环境的景象，表示了公路及其环境作为人眼所看到的一种风景的特性。根据数据处理结果和现场调查，研究区基本上以农业生态、森林生态特征为主。

3.4.1 土地利用现状分析与评价

农田、林地是研究区主要的土地利用类型。2020 年农田、林地面积是 24.064429 km² 和 13.439716km²，分别占研究区面积的 39.27% 和 21.93%。交通用地和居民地分别占研究区面积的 14.61% 和 14.21%，交通用地面积包括了山东省某段高速公路。高速公路沿线山脉较多，大都属于山系及其余脉，有部分裸岩，所以未利用土地比例较高，达 7.36%。从土地利用类型来看，山东省某段高速公路沿线区域的环境基本合理。

3.4.2 生物多样性分析与评价

研究区山脉较多，山区的林地多是天然植被，但是山东省基本都是次生林，山区也属于天然次生林，以松树、柏树为主；其他林地受人类活动影响较大，基本都是人工林，包括果园，以高速公路两侧的绿化林带、行道树等四旁类树木为主（多为杨树）；植被类型少，植物群落结构简单、组成单纯。动物资源主要有适应性较强的野生动物和家养畜禽，其中野生动物主要有兽类、鸟类、昆虫类和鱼类等，生物多样性较差。研究区人类活动频繁、干扰强度大。

第 4 章
公路沿线环境变化评价

4.1 环境变化监测

土地利用与土地覆盖变化信息的提取是一个多因素、多环节交织在一起的复杂过程，所要提取的变化要素不仅包括发生变化的空间位置和范围，还包括变化的类型和大小等信息，在这些变化要素的提取中，有些信息（如变化的位置和分布）的提取具有较高的自动化、定量化和速度，有些信息的提取则往往需要知识或人的辅助来完成，因此，需要根据变化信息的内涵，将变化信息提取过程分解为不同的环节，按照构建的技术流程，通过不同环节的协同完成对变化信息的完整提取，以提高变化信息提取的自动化、定量化和可靠性，更好地发挥计算机自动处理与人机协同的整体优势。环境变化信息表示见图 4-1。

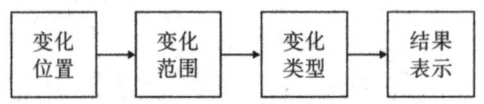

图 4-1 环境变化信息表示

土地利用与土地覆盖变化信息是一个复杂的综合体。根据环境变化信息内容的构成和特点，以及遥感数据处理技术的现状和水平，典型的山地环境变化的土地利用与土地覆盖变化信息遥感提取技术流程见图4-2。

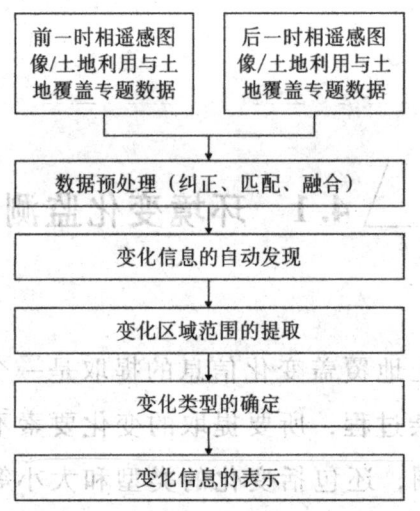

图 4-2 土地利用与土地覆盖变化信息遥感提取技术流程

新旧时期遥感影像（或土地利用与土地覆盖专题图）在经过几何校正配准和融合处理后，变化信息的提取由变化信息自动发现、变化区域提取、变化类型确定以及变化信息表示四个步骤完成，每个步骤采用相应不同处理方法获得特定的信息内容，实现对变化信息的完整提取与监测。

变化信息发现是通过新旧数据的比较和计算，将可能发生变化的位置和分布自动显现出来，用来回答是否变化、在什么地方、如何分布的问题。变化信息发现是变化信息提取过程中最关键的一步，变化信息发现的准确度决定着后序工作是否能达到最理想的效果。一般地，使用遥感图像信息进行土地利用/土地覆盖变化信息检测的方法可归纳为三种，即图像分类后结果比较法、多时相图像直接求变法和多时相图像组合分类法。

1. 图像分类后结果比较法

图像分类后结果比较法是首先对各自时相的数据进行土地利用与土地覆盖分类信息的提取，然后通过对两个分类结果的直接比较从而发现变化信息。

其优点是：

①在发现变化的同时，能直接给出变化的定量信息和变化中类型的转化信息（地类属性），对研究区的土地覆盖变化不需要有先验认识。

②不受大气变化、物候状况差异甚至不同传感器差异的影响，能回避所用多时相数据因获取季节不同和传感器不同所带来的归一化问题。

③可以进行两个时相以上遥感影像的变化探测分析。

④不仅适用于拥有不同时相遥感图像的情况，也可用于前一时期仅有土地利用/土地覆盖数据而后一时期拥有遥感图像数据的情况。

其缺点是：

①对不同时期土地覆盖的比较无法探测内部的细微变化。

②该方法要对图像的全部范围进行分类计算，而不管其是否已经发生变化，无疑增加了变化信息检测的计算量。

③该方法精度在一定程度上受不同时相图像分类精度的制约，

从数学意义上讲，积累了两次分类的误差。

2. 多时相图像直接求变法

多时相图像直接求变法又称为逐个像元比较法，要求两个时相比较接近，检测变化信息时一般使用图像差值、比值或者主成分分析法。其优点是操作简单，首先确定了土地利用变化的位置，因此，缩小了分类范围，提高了监测速度，同时也避免了分类过程中引入虚假的变化类型。其缺点是不能得到类型变化的具体内涵，会产生大量的虚假变化，如不同的原始像元灰度值在进行直接线性变换比较时，会产生相同的结果灰度值，从而导致误分和错分现象，降低了变化监测的精度。

3. 多时相图像组合分类法

多时相图像组合分类法的基本原理是：在两个不同时相的遥感数据中，若土地利用/土地覆盖没有发生变化，则同一地面具有相同的地面目标。在此基础上，组合图像相同的地物将反映出相似的光谱特征，从而保证了组合图像的光谱稳定性。但当两个数据存在较大的差异时，受实际土地利用/土地覆盖变化的影响，两个时相数据在相同位置处将对应不同的地面目标，导致光谱特征的不一致，使该处的组合图像出现光谱突变（变异），并与周围地物在光谱上失去协调性，从而可以监测出变化信息。具体思路是：先将多时相遥感数据进行组合，然后再对该包含了多时相信息的图像进行监督分类或非监督分类，以减少夸大变化的程度，获取较为准确可靠的变化监测结果。该方法能有效地改善前两种方法存在的缺陷，但是，该方法在分类时要确定静态类型和动态类型。

第4章 公路沿线环境变化评价

综合权衡以上方法的优缺点，考虑到在具体研究中，针对两个时段的图像分类过程中已经完成了分类信息提取的基础工作，并已完成了对两个时段的分类结果的精度评价，因此，我们采用了第一种变化发现方法，即采用图像分类后结果比较法进行研究区的环境变化信息检测与分析。具体技术实施是通过数据格式转换，利用 GIS 的空间叠加处理工具，而且基于 GIS 分类统计功能获得了各类型之间数量变化的转移矩阵。具体操作步骤如下：

第一步，数据准备。

准备好两期的 coverage 或 shape 文件，并用 Arcmap 打开上述两期文件。

第二步，叠加操作。

打开 Arcmap，点击"ArcToolbox"，在下拉菜单列表中依次选择"Analysis Tools"、"叠加分析模块（Overlay）"、"交叉分析功能（Intersect）"。然后选择已经打开的两期数据文件进行叠加分析，见图4-3。把叠加分析结果保存在一个可以找到的地方。同时，把叠加分析结果添加到 Arcmap 里。

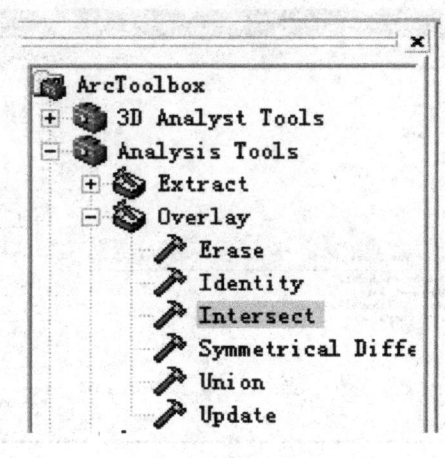

图4-3 数据叠加

第三步，输出叠加文件的属性数据。

（1）右键打开"Intersect"产生的矢量文件的数据属性表（open attribute table）。

（2）点击"options"按钮，选择"add field"，然后给出一个新 name "newarea"，数据类型为"double"。

（3）右键打开刚刚产生的"newarea"，并选择"calculate values"。

（4）然后点击"Field calculator"对话框，选中"Advanced"，然后选择"help"并将：

Dim Output as double

Dim pArea as Iarea

Set pArea = [shape]

Output = pArea. area

输入到"Pre – Logic VBA Script Code"下面的空白处。

（5）在对话框"Field calculator"最下面的空白处输入"output"。

（6）在属性表点击"options"按钮，然后点击"export（导出）"按钮，属性以".dbf"文件格式结果存储。叠加数据输出见图4-4。

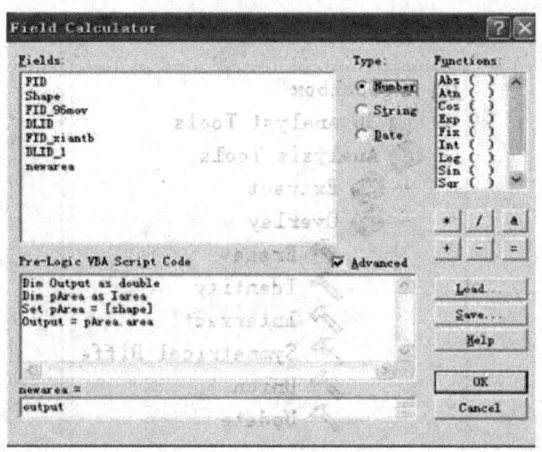

图 4-4　叠加数据输出

第四步，利用 Excel 进行转移矩阵制作。

（1）刚才存储的".dbf"文件格式可以使用 Excel 打开，打开的结果重新保存为".xls"（Excel）文件格式（"dbf"文件格式不能保存）。

（2）重新打开刚存储的 Excel 文件。

（3）选中所有数据，选择数据/数据透视表和数据透视图。将两期数据的 id 值分别拖入行列字段，然后以"newarea"字段作为数据项拖入计算区域。得到的便是转移矩阵。如果发现矩阵的形式不美观，可以对单位进行修改。Excel 进行转移矩阵见图 4-5。

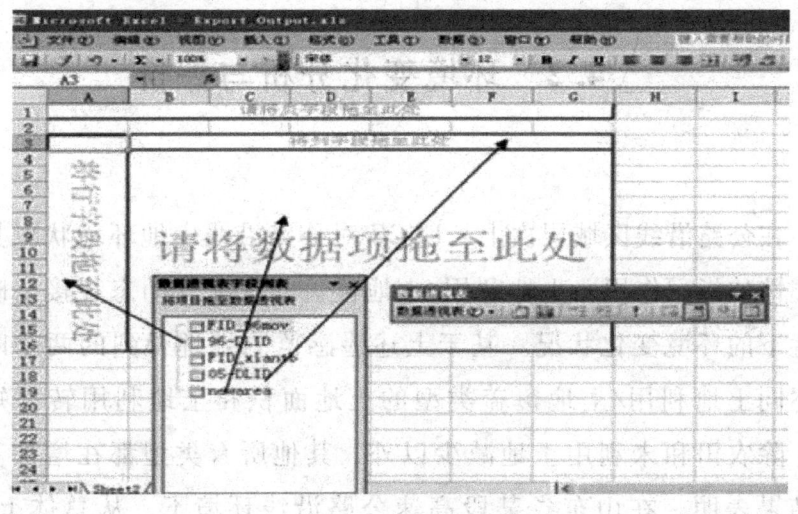

图 4-5　Excel 进行转移矩阵

根据 2016 年和 2020 年的分类图，做出的研究区 2016 年和 2020 年的土地利用转移矩阵见表 4-1。

表 4 – 1　研究区 2016 年和 2020 年的土地利用转移矩阵

单位：km²

2016年＼2020年	农田	林地	居民地	水域	交通用地	未利用土地	2016年总计
农田	23.923261	0.274723	0.361674	0.234387	0.332842	0.000000	25.126887
林地	0.048320	12.843729	0.085723	0.071627	0.113293	0.007323	13.170015
居民地	0.013822	0.127804	8.017638	0.181397	0.180659	0.000000	8.521320
水域	0.023408	0.110734	0.082432	0.982474	0.052972	0.000587	1.252607
交通用地	0.003410	0.047891	0.219573	0.097349	7.936351	0.026880	8.331354
未利用土地	0.052208	0.034835	0.184653	0.039845	0.091081	4.473558	4.876180
2020年总计	24.06442	13.439716	8.951593	1.607079	8.707198	4.508348	61.278363

4.2　环境变化分析与评价

在公路沿线区域层次上，LUCC 对公路沿线山地环境状况具有关键性的指示作用，土地利用/土地覆盖的状况及动态直接反映该尺度下的环境变化状况。基于上述遥感监测处理得到的两个时段的不同土地利用/土地覆盖类型的土地面积和土地利用转移矩阵表，除农田和未利用土地减少以外，其他所有类型都在增加。研究结果表明，在山东省某段高速公路沿线环境下，从总体上看，农田是转出型土地利用类型，水域、居民地、交通用地则为转入型土地利用类型。结合野外实际调查分析发现：农田向居民地转化主要是人口的压力导致居民地的扩张，而随着经济建设的快速发展，道路交通用地扩张也比较快；农田也向林地转化，一是道路旁的绿化环保类树木的增加；二是林业经济的发展，促使用材

第4章 公路沿线环境变化评价

林需要增加,导致部分农田转成了林地;农田向水域转化,是对水域等湿地的保护,水域面积增加。未利用土地转出的面积较小,主要转成了居民地。未利用土地包括盐碱地、荒草地、沼泽地和沙地,还包括裸土地(指表层为土质,基本无植被覆盖的土地)和山区的裸岩,其中山区的裸岩占绝大部分,山区的裸岩变化很小。从转入来看,居民地、交通用地、水域等是转入型并且主要是由农田转入。这说明,高速公路沿线地区人口增长较快,经济建设发展迅速,城镇、居民地、交通用地的扩张侵占了大量的土地。但它们相互之间也有交叉转化,土地利用类型的转化是比较复杂的。未利用土地类型是转出型,但是仍然有少量的转入面积,转入未利用土地的有林地、交通用地、水域,虽然转入面积很小,但是考虑经济建设等人类活动,其仍存在不合理利用的情况。

另外,结合野外调查结果还发现:林地存在总体生态功能质量差的特点。具体表现如多为次生植被,而且群落组成盖度小、物种结构单一,林分、林层结构单一,全部为单层林,山区以松树、柏树为主,平原则杨树占绝对优势。

为了更深入地分析土地利用类型的转化关系,对土地利用/土地覆盖各类型的转移矩阵作进一步处理,得到土地利用类型之间的转化率矩阵(见表4-2)和贡献率矩阵(见表4-3)。

表4-2　　　　　土地利用类型之间的转化率矩阵

单位:%

2020年 2016年	农田	林地	居民地	水域	交通用地	未利用土地	2016年总计
农田	95.21	1.09	1.44	0.93	1.32	0.00	100.00
林地	0.37	97.52	0.65	0.54	0.86	0.06	100.00

续表

2016年 \ 2020年	农田	林地	居民地	水域	交通用地	未利用土地	2016年总计
居民地	0.16	1.50	94.09	2.13	2.12	0.00	100.00
水域	1.87	8.84	6.58	78.43	4.23	0.05	100.00
交通用地	0.04	0.57	2.63	1.17	95.26	0.32	100.00
未利用土地	1.07	0.71	3.79	0.82	1.87	91.74	100.00
2020年总计	39.27	21.93	14.61	2.62	14.21	7.36	100.00

表4-3　　　　　　　　土地利用类型之间的贡献率矩阵

单位:%

2016年 \ 2020年	农田	林地	居民地	水域	交通用地	未利用土地	2020年总计
农田	99.41	2.04	4.04	14.58	3.82	0.00	41.00
林地	0.20	95.57	0.96	4.46	1.30	0.16	21.49
居民地	0.06	0.95	89.57	11.29	2.07	0.00	13.91
水域	0.10	0.82	0.92	61.13	0.61	0.01	2.04
交通用地	0.01	0.36	2.45	6.06	91.15	0.60	13.60
未利用土地	0.22	0.26	2.06	2.48	1.05	99.23	7.96
2006年总计	100.00	100.00	100.00	100.00	100.00	100.00	100.00

对转化率矩阵分析得出，高速公路沿线土地利用类型之间的转化关系主要受高速公路沿线地区环境本身的制约，转化关系总体相对稳定。具体表现在：除水域以外，土地利用类型之间的自我转化率都大于90%，所有土地利用类型的转化过程都保持以自我转化为绝对主体，其中最稳定的类型是林地。对土地利用类型转化方向的数量关系分析可得出，农田的转化方向依次为：居民地、交通用地、林地、水域；林地的转化方向依次为：交通用地、居民地、水域、林地；水域的转化方向依次为：林地、交通用地、农田；交通用地的转化方向依次为：居民地、水域、林地；未利

用土地的转化方向依次为：居民地、交通用地、农田、林地、水域。

通过对土地利用类型之间的贡献率分析得出，贡献率矩阵与转化率矩阵表现出的规律基本一致，由于环境本身的制约，所有土地利用类型的转化过程都保持以自我贡献转化为绝对主体。具体分析，自我贡献最大的是农田，其他依次为未利用土地、林地、交通用地、居民地、水域。除自我贡献以外，分析不同地类之间的相互贡献作用可得出：对林地、居民地、水域、交通用地变化贡献率较大的都是农田，这说明，农田的变化是研究区主要的环境变化动力，从2016年到2020年，农田面积减少，农田变化率为−4.23%，作为环境中典型的转入型地类，农田被侵占较严重。

第 5 章
总结与展望

　　运用 3S 技术对高速公路沿线地区的生态环境和环境变化信息进行分析和评价,能为高速公路沿线地区生态环境的动态监测分析、评价等提供新的解决方案和技术手段,并能在很大程度上改变高速公路沿线地区生态环境评价和监测研究的方式。与传统的生态环境评价方法相比,其具有现实性、动态性、经济性,是以后的发展趋势。

　　随着卫星遥感技术的不断发展,多星种(美国的 Landsat 系列卫星、法国的 SPOT 系列卫星、中国的资源 1 号卫星等)、多波段、高分辨率(30~1m)的卫星遥感数据不断出现,为交通建设、环境保护、城市规划、资源清查等诸多领域提供了丰富的地面信息源。在地理信息系统的支持下,遥感解译将进一步向定量化、智能化方向发展,加之我国最近新发射的资源卫星,信息质量高,内容丰富,收集信息方便及时,连续性好,且价格较低,将使遥感技术应用前景更加广阔。本书主要以山东省某段高速公路沿线区域为例,对 3S 技术在高速公路沿线区域生态环境的动态监测和评价进行了研究,今后为更好地服务我国高速公路建设与管理工

第 5 章
总结与展望

作,可充分利用遥感对地观测具有覆盖范围广、周期短和获取信息受条件限制少等特点,对区域或全国公路交通网的生态环境监测和环境预警机制等继续开展深入研究。

参考文献

[1] 张微. 遥感信息技术在公路环境评价中的应用 [J]. 地理空间信息, 2006 (5): 28-30.

[2] 魏凤虎. 高速公路生态系统评价指标体系的研究 [D]. 长安大学, 2003.

[3] 孙家抦. 遥感原理与应用 [M]. 武汉: 武汉大学出版社, 2003.

[4] 郭云开. 环境资源遥感的研究与应用 [J]. 华东公路, 2006 (5): 76-79.

[5] 李栋伟. 3S 技术在绥满公路生态环境质量评价中的应用研究 [D]. 东北林业大学, 2009.

[6] 胡健波. 3S 技术在公路环评中的应用 [J]. 环境影响评价, 2017, 39 (3): 56-60.

[7] 王超. 3S 技术在公路环评中的应用 [J]. 黑龙江环境通报, 2021, 34 (1): 42-43.

[8] 吴晓, 吴宜进. 基于灰色关联模型的山地城市生态安全动态评价——以重庆市巫山县为例 [J]. 长江流域资源与环境, 2014, 23 (3): 385-391.

[9] 朱卫红, 苗承玉, 郑小军, 等. 基于 3S 技术的图们江流域湿地生

参考文献

态安全评价与预警研究［J］. 生态学报, 2014, 34 (6)：1379 – 1390.

［10］姚爱冬, 管文科, 冯益明. 基于 Landsat8 遥感影像的邵武至光泽高速公路生态环境质量评价研究［J］. 环境监测管理与技术, 2017, 29 (5)：29 – 32.

［11］王强. 基于 RS 和 GIS 的山区高速公路生态环境变化检测［D］. 重庆交通大学, 2015.

［12］彭宇. 山区高速公路生态环境评价理论与方法研究［D］. 重庆交通大学, 2016.

［13］操梦帆. 3S 技术在高速公路项目生态评价中的应用——以京昆高速公路绵阳至成都段扩容工程为例［J］. 中国设备工程, 2020 (15)：196 – 198.

［14］谭博. 基于 3S 技术的山区高速公路路域生态安全评价方法研究［D］. 重庆交通大学, 2021.

［15］胥晓刚. 高速公路路域生态恢复研究［D］. 四川农业大学, 2004.

［16］李南方, 陈红秀, 胡菲菲, 杨波. 3S 技术支持下的高速公路建设对区域景观格局的影响研究——以湖南省长益高速复线为例［J］. 湖南工业大学学报, 2018, 32 (4)：91 – 96.

［17］胡健波. 3S 技术在公路环评中的应用［J］. 环境影响评价, 2017, 39 (3)：56 – 60.

［18］刘路明, 李云涛, 陆王烨, 吴家勇, 董云霞, 王振兴. 3S 技术在高速公路生态影响评价中的应用［J］. 北方环境, 2013, 25 (10)：103 – 109.

［19］中华人民共和国行业标准. 公路建设项目环境影响评价规范［M］. 北京：人民交通出版社, 2006.

［20］中华人民共和国行业标准. 公路工程地质遥感勘察规范［M］. 北京：人民交通出版社, 2005.

［21］苟亚青, 刘昕, 李思远, 董仁才. 基于 3S 技术的青藏公路改建工

程环境影响评价方法[J].中国环境科学,2012,32(10):1914-1920.

[22] 徐从燕,张强,贾荣畅,等.3S技术及其在化工园区环评中的应用[J].山东化工,2013,42(7):87-89.

[23] 梁磊.环境影响评价中的3S技术应用[J].农业开发与装备,2017(10):57.

[24] 王晓臣,朱京海,梁婷等.无人机遥感技术在生态环境影响评价中的应用研究[J].环境影响评价,2015,37(2):70-73.